LIBRO DE HECHIZOS PARA
APRENDICES DE BRUJAS

LIBRO
de
HECHIZOS
para
APRENDICES DE BRUJAS

ENCANTAMIENTOS ESENCIALES QUE TE CAMBIARÁN LA VIDA

Ambrosia Hawthorn

ILUSTRACIONES DE
Travis Stewart

ARKANO AB BOOKS

Título original: *Spell Book for New Witches*

Traducción: Blanca González Villegas

Diseñadora de interiores y portada: Emma Hall.
Productora artística: Sue Bischofberger.
Editora: Claire Yee.
Editora de producción: Ashley Polikoff.

Publicado originalmente en inglés por Rockridge Press, un sello editorial
de Callisto Publishing LLC.

Publicado por acuerdo con Callisto Publishing LLC, 1935 Brookdale Road, Suite 139,
Naperville, Illinois, EE.UU.

© Distribuciones Alfaomega S.L., Arkano Books, 2025
   Alquimia, 6 - 28933 Móstoles (Madrid) - España
   Tel.: 91 617 08 67
   www.grupogaia.es - E-mail: grupogaia@grupogaia.es

Primera edición: enero de 2026

Depósito legal: M. 20.095-2025
I.S.B.N.: 978-84-19510-71-6

Impreso en China

100%
From well-
managed forests
FSC® C193369

FSC
www.fsc.org

A MIS COLEGAS BRUJAS QUE BUSCAN LA MAGIA
PARA CREAR CAMBIOS EN SU VIDA.

Índice

Introducción

Bienvenida a este libro de hechizos. Soy Ambrosia, bruja solitaria y editora de la revista *Witchology Magazine*, una publicación mensual para brujas modernas. Llevo quince años practicando la brujería y estoy aquí para compartir contigo mi historia, mis conocimientos y mi arte, y ayudarte así a acceder a la magia y al poder que ya albergas dentro de ti.

Así es: todos tenemos magia en nuestro interior. Pero no vas a ir a Hogwarts, ni moverás la nariz para lanzar hechizos, ni montarás en una escoba. Más bien, este libro te enseñará habilidades prácticas, te conectará con el mundo natural y te ayudará a descubrir a la bruja interior que siempre ha estado contigo. Desmentiré errores acerca del trabajo con hechizos y la brujería, y te enseñaré a crear y a hacer realidad lo que quieres y necesitas para cambiar tu vida a mejor.

Mi periplo por la brujería comenzó a los trece años. Era joven, lo sé, pero el universo actúa de formas misteriosas. Mi historia podría ser como la tuya, o completamente distinta. Son muchos los caminos que conducen a la brujería; el mío se abrió en el momento adecuado para mí, tal como sucederá con el tuyo.

La idea de lanzar hechizos me atrajo por razones muy diversas. Quería tener más confianza en mí misma en el colegio, ganar dinero para mi familia, protegerme de los abusones, crear pociones de amor y atraer la buena suerte. A los siete años, antes de que supiera nada acerca de la brujería o los hechizos, pasaba todos los recreos y pausas para la comida buscando tréboles de cuatro hojas. Sabía que eran amuletos de buena suerte y que, en el fondo, necesitaba uno. Tras semanas de búsqueda, al fin lo encontré. Mi madre me ayudó a enmarcarlo en un llavero; lo llevaba conmigo a todas partes para pedirle suerte siempre que la necesitaba. Echando la vista atrás, me doy cuenta de que aquel llavero fue mi primer amuleto. Te cuento esta historia para mostrarte que el trabajo con hechizos puede ser muy especial, que los hechizos pueden llegar prácticamente de cualquier fuente y ser tan sencillos o tan complejos como quieras.

Si eres como yo, te sentirás atraída por la magia debido a las oportunidades y los cambios que te permite crear. Para los hechizos de este libro no vas a necesitar un ojo de tritón ni un huevo de águila, solo estar presente y tener ganas de aprender. Estés en el punto de tu viaje en el que estés, has encontrado este libro en el momento adecuado. Vamos a zambullirnos en el maravilloso mundo de los hechizos y la magia.

PRIMERA PARTE

MAGIA

práctica

La magia es algo más que mezclar pociones, encender velas y coser muñequitos. Impregna el mundo que nos rodea y, para poder lanzar hechizos con éxito, es vital contar con una base sólida enraizada en la historia. En esta sección voy a analizar los principios básicos fundamentales de la magia práctica para comprender el trabajo con hechizos, así como las preparaciones necesarias para ello.

Lo único que precisas para emprender el camino de la magia es a ti misma. Tu poder está escondido en tu interior, esperando a que accedas a él, y la práctica de la magia te brindará la capacidad de sanar y cambiar, tanto a ti misma como al mundo que te rodea.

Espero poder ayudarte a convertirte en la mejor bruja posible con los principios esenciales que encontrarás en estas páginas. Vamos a aprender qué significa ser una bruja practicante.

CAPÍTULO
1

ANÁLISIS DEL TRABAJO
CON HECHIZOS

Para empezar a lanzar hechizos, tenemos que analizar el quién, el qué y el porqué. Vamos a estudiar la terminología, aprender las diferencias entre brujería y wicca y hacer un repaso de los errores más comunes, los conceptos fundamentales y la ética. Una vez que dispongas de estos elementos fundamentales, estarás preparada para empezar a crear los cambios que quieres generar en tu vida.

¿Qué son los hechizos?

Los hechizos constituyen el lado práctico de la magia. Actúan mediante la manipulación de la energía con el objetivo de cumplir con una intención o un propósito concretos. Se alimentan de las emociones y obran de manera conjunta con tu poder personal o con la energía del mundo que te rodea. Para entender qué los vuelve eficaces, primero debemos echar un vistazo a la magia, al poder y a la naturaleza de la manipulación de la energía.

La magia es la energía que fluye a través de la naturaleza. Es una energía neutra, ni buena ni mala. El poder es el arte práctico de canalizar la magia para poder utilizarla. Cuando empiezas a dirigirla y a canalizarla, estás, en cierto sentido, creando tu poder personal, y esta manipulación es lo que te permite influir y controlar la energía que te rodea.

Todos estamos compuestos de moléculas y los lazos entre ellas contienen energía potencial. La idea de poder utilizar y canalizar esta energía no es tan rara. De hecho, resulta fácil reconocerla cuando alguien la está dirigiendo hacia ti. ¿Alguna vez has sentido la presencia de una mano a pocos centímetros de tu espalda (aunque no te estuviera tocando)? ¿Notaste un hormigueo o incluso calor? Era la sensación de que había una energía dirigida hacia ti.

Lanzar hechizos no es más que una de las muchas formas de manipular la energía. Los cristales, las piedras, las hierbas, las conchas, el metal y la madera se han utilizado, desde hace muchísimo tiempo, como herramientas para ello. Algunas terapias muy populares centradas en la relación mente-cuerpo como el taichí, el reiki, la meditación, el yoga, la acupuntura e incluso el masaje, elevan y manipulan la energía para sanar el cuerpo físico, espiritual y emocional. Como ves, el uso de hechizos no es algo tan estrambótico como podríamos pensar.

Es importante señalar que los hechizos no son soluciones inmediatas. No pueden arreglar al instante todos los problemas que querrías ver resueltos. Para que funcionen adecuadamente, hace falta energía, tiempo, esfuerzo, concentración y fe. Un error muy común consiste en creer que puedes utilizarlos para lograr que alguien se enamore de ti o para imponer tu magia a otras personas. No puedes quitarle a nadie su libre albedrío.

También debes entender que la magia es poderosa y que, como todo poder, acarrea una responsabilidad. Como bruja, has de respetar las leyes naturales y evitar el daño. Elevar el poder y realizar hechizos son manipulaciones energéticas temporales, no permanentes.

¿Quién puede lanzar hechizos?

Puede hacerlo todo aquel que desee obtener cambios positivos en su vida. Que hayas tenido el interés suficiente como para coger este libro significa que estás ya en el camino correcto. El trabajo con hechizos ayuda a aquellos que buscan claridad o propósito en su viaje por la vida. Los paganos, esas personas que siguen una senda religiosa o espiritual basada en el respeto por la naturaleza, suelen entregarse a esta práctica. Muchos de los que trabajan con hechizos eligen un camino neopagano o la tradición de la brujería, que abarca prácticas modernas o híbridas como la elemental, la secular, la del cerco, la ecléctica o la tradicional. Cada una de estas tipologías puede adaptarse a ti para abrir el camino perfecto.

BRUJA ELEMENTAL

Estas brujas utilizan en su práctica los cuatro elementos (tierra, aire, fuego y agua) y pueden elegir emplearlos todos o solo uno de ellos. Entre los tipos de brujas que recurren a los elementos se cuentan las brujas verdes, las del mar y las del hogar. Las verdes construyen su práctica alrededor del elemento tierra y emplean hierbas, cristales y madera. Las del mar usan el elemento agua, el océano, la magia del tiempo, las conchas marinas, la madera que encuentran en la playa, las algas y la arena. Las del hogar, a las que en ocasiones se denomina brujas de cocina o de cabaña, emplean el elemento fuego para dar poder a lo que guisan, hornean o elaboran y para crear elementos mágicos.

BRUJA SECULAR (O NO RELIGIOSA)

Las brujas seculares no invocan a ninguna deidad para hacer su trabajo. A menudo recurren al simbolismo, a las metáforas o a los arquetipos. Este camino está ganando popularidad y muchas brujas combinan esta práctica con otros tipos de brujería.

BRUJA DEL CERCO

Estas brujas resultan un poco complicadas de definir. Conocidas también como «montadoras del cerco», cruzan los límites hacia lo desconocido o hacia otros mundos. A menudo recurren a la herbología para formular pociones, bálsamos y bebidas. Su práctica, que suele ser de naturaleza chamánica y seidr, incluye la proyección astral, los sueños lúcidos, el trabajo con trances y la comunicación con los espíritus.

BRUJA ECLÉCTICA

Las brujas eclécticas no encajan en una sola categoría. Son a menudo solitarias y no pertenecen a una práctica o un grupo establecidos. Siguen un camino que es un batiburrillo de tradiciones modificadas, adaptadas a sus necesidades y habilidades.

BRUJA TRADICIONAL

Las brujas tradicionales forman un grupo muy amplio con muchos subgrupos y, en ocasiones, están vinculadas a la wicca. Tienen a menudo raíces que se remontan muchos siglos atrás. En esta categoría se suelen encontrar caminos ceremoniales, populares, vudú, hereditarios, celtas y de otros tipos paganos; en algunos es necesario iniciarse o seguir unas normas concretas.

Cómo se relacionan los hechizos con la brujería y la wicca

A estas alturas, probablemente habrás visto las referencias al paganismo, la wicca y la brujería y quizá te estés preguntando qué significa todo esto. Tanto las wiccanas como las brujas están englobadas en el paganismo, pero no todas las brujas son wiccanas ni todas las wiccanas son brujas. Los paganos siguen un camino espiritual religioso o no religioso basado en el respeto a la naturaleza. La wicca es una religión centrada en la tierra y venera deidades; la brujería, por su parte, es una práctica que puede englobar una amplia variedad de caminos, tanto religiosos como seculares. Puedes elegir uno ya establecido o crear el tuyo propio.

Dicho todo esto, intento no etiquetar demasiado mi práctica. No hace falta que definas tu camino; de hecho, la flexibilidad es lo que atrae a tanta gente a las prácticas paganas. Ningún camino es correcto ni equivocado. Te recomiendo que pruebes un poco de todo y construyas una práctica que te resulte útil.

La historia del trabajo con hechizos

Lanzar hechizos ha sido algo muy popular a lo largo de la historia. En inglés, «hechizo» se dice *spell*, y el origen de esta palabra es el término anglosajón *spel*, que significa 'decir' o 'historia'. En las civilizaciones antiguas, los hechizos se desarrollaron al mismo tiempo que el lenguaje. En el antiguo Egipto, por ejemplo, a menudo aparecían incluidos en las historias escritas.

En inglés, «bruja» se dice *witch*, un término que se remonta a la antigua palabra teutónica *wik*, que significa 'doblar'. Antes del siglo xiv, la brujería y la magia disfrutaron de una edad de oro. Las cosas cambiaron en 1486, cuando un clérigo católico ahora desacreditado publicó el *Malleus maleficarum* (o *Martillo de brujas*), conocido coloquialmente como el «manual del cazador de brujas». Su popularidad dio lugar a un incremento del rechazo hacia la brujería. En 1542, en Inglaterra, se dictó la Ley de Brujería, según la cual esta práctica y el trabajo con hechizos estaban castigados con la pena de muerte. En 1692 tuvieron lugar en Massachusetts los juicios contra las brujas de Salem: diecinueve personas fueron ejecutadas por practicar, supuestamente, la brujería.

Las persecuciones continuaron a lo largo del tiempo hasta que el movimiento antibrujería empezó a perder fuelle a principios del siglo xx. En los años sesenta y setenta, la sociedad estadounidense vivió un incremento de las prácticas paganas y de los grupos dedicados a la wicca y la brujería. En 1986, se presentó el caso Dettmer contra Langdon en el Tribunal de Apelación estadounidense, que reconoció la wicca como una religión oficial.

A pesar de la creciente aceptación de la brujería, muchas de sus practicantes siguen temiendo la persecución, y por eso algunas prefieren trabajar en secreto... o «en el armario de las escobas».

Principios fundamentales

Los principios fundamentales de la brujería están relacionados con la forma de emplear la energía para manifestar un cambio en nuestro entorno. La magia nos envuelve en forma de energía y los hechizos nos ayudan a aprender a dirigir nuestras intenciones para manipularla. Sin embargo, tus intenciones deben seguir los principios fundamentales que esbozamos a continuación.

VENERAR EL ENTORNO Y LA NATURALEZA

Todo lo que existe en el mundo natural es sagrado y está lleno de energía, por lo que muchos rituales y hechizos paganos incorporan las estaciones y los elementos. Las estaciones del año se celebran y se honran porque nos narran una historia de nacimiento, vida, muerte y renacimiento. Los elementos se pueden invocar para pedir protección, orientación y energía.

CELEBRAR LA FECUNDIDAD Y LA SEXUALIDAD

Celebrar la vida, la luz, la alegría, la pasión y la sensualidad prende en nuestro interior la fuerza vital. Disfrutar plenamente de tu fecundidad y tu sexualidad puede ser una herramienta muy valiosa para manifestar la magia. Muchas brujas las celebran en los *sabbats* (festividades) paganos primaverales de Imbolc, Ostara y Beltane (de los que hablaremos en el capítulo 2, página 16).

ACCEDER A TU INTUICIÓN Y A TU ENERGÍA PERSONAL

Tu energía personal te permite influir en tu entorno. Empieza con reacciones viscerales y pálpitos. ¿Alguna vez has sentido en lo más profundo de tu ser que había algo que quería hablarte, por lo general para hacerte una advertencia? Es tu intuición. Cuando aprendas a canalizar esta energía, podrás emplearla para alimentar tus hechizos.

HONRAR EL KARMA Y EL EQUILIBRIO NATURAL DE LA LEY CÓSMICA

El karma dicta que, por cada acción que realices en el mundo, recibirás otra igual. La Ley del Triple Retorno se basa en un viejo proverbio pagano que se emplea para advertir a las brujas principiantes sobre las consecuencias de realizar magia perjudicial: si provocas algún daño o realizas magia manipuladora sobre otra persona, recibirás lo mismo multiplicado por tres. Muchos paganos siguen esta fuerza kármica, también conocida como ley cósmica.

CONOCER Y ENTENDER EL MÁS ALLÁ, LOS ESPÍRITUS Y LA REENCARNACIÓN

Muchas brujas creen en el más allá y ven el ciclo de nacimiento, vida, muerte y renacimiento como una rueda que gira sin cesar. Celebran los finales y los comienzos durante el *sabbat* de Samhain, cuando el velo que separa los mundos se vuelve más delgado. En el capítulo 2, página 16, estudiaremos esta festividad con más detalle.

Las fuerzas que impulsan el trabajo con hechizos

El trabajo con hechizos debe estar impulsado por el respeto hacia la naturaleza y el misterio del universo. Cuanto más te alinees con los ritmos naturales de la tierra, más podrás sintonizarte con los misterios del mundo y más aprenderás sobre lo desconocido.

Magia o poder

La magia es la energía natural que fluye a través del mundo, mientras que el poder es el arte práctico de canalizar esa energía. Está dentro de ti, esperando a que accedas a él, mientras que la magia se puede encontrar en los objetos naturales.

Como bruja aprendiz, vas a recurrir sobre todo a tu poder personal. Sin embargo, trabajar así puede resultar agotador. Los hechizos contenidos en este libro emplean objetos del mundo natural, como cristales, hierbas, aceites, fragancias, madera y elementos animales, para aportarte una energía adicional.

Existe otro tipo de poder que proviene de tu interior: la capacidad psíquica. Algunas brujas poseen habilidades como la precognición, la intuición, la clarividencia o la psicometría. Además, pueden ser médiums o empatas.

La **PRECOGNICIÓN** es la capacidad de anticipar cosas o acontecimientos antes de que se produzcan.

La **INTUICIÓN** es la capacidad de saber cosas sin que nos las digan.

La **CLARIVIDENCIA**, a la que a menudo se denomina «visión clara», es la habilidad para revelar lo que está oculto, y con frecuencia se considera «visión interior».

La **PSICOMETRÍA** es la capacidad de leer la energía de un objeto o de percibir los detalles acerca de su dueño.

Los **MÉDIUMS** reciben mensajes del más allá y también pueden canalizar espíritus.

Los **ÉMPATAS** pueden percibir los sentimientos y emociones de otras personas y a menudo absorben energías ajenas.

«MAGIA BUENA» FRENTE A «MAGIA MALA»

Las personas ajenas a la magia suelen clasificarla como «buena» o «mala». En la comunidad mágica, sin embargo, no existe ninguna distinción entre ambas. La magia no es negra ni blanca, sus efectos dependen de las intenciones de quien lanza los hechizos.

Utilizarla para hacer daño, para vengarse, para alterar el libre albedrío de otra persona o para echar una maldición son ejemplos de lo que algunos podrían denominar «magia negra» o práctica no ética. Emplearla para sanar, empoderar o estimular es lo que con frecuencia se conoce como «magia blanca». Muchas brujas añaden la etiqueta de «magia blanca» a sus títulos para evitar dar pie al error común de que todas son malvadas o perversas.

Podrías sentirte tentada a utilizar la mala voluntad en tu magia si tienes que enfrentarte a una maldición, a rumores perjudiciales, a un espíritu malévolo o a un acosador. Sin embargo, al hacerlo puedes abrirte a sufrir las consecuencias del karma o ley cósmica, que ya analizamos en la página 13. La ética en la magia es la misma que en cualquier otro aspecto de la vida y, al final, acabarás siendo personalmente responsable de tus actos.

CAPÍTULO
2

PREPARACIÓN
PARA LANZAR

UN
HECHIZO

Antes de zambullirte en el trabajo con hechizos, debes aprender a hacerlo bien. Conocer sus principios te ayudará a crear y mantener una práctica gratificante. Estas bases incluyen cómo realizar un hechizo, dónde hacerlo, qué herramientas usar y cómo acceder a tu poder. Aprenderás también los símbolos más comunes y las fechas, las estaciones y los ciclos importantes.

Cómo lanzar un hechizo

Cuando lanzas un hechizo, puedes crear energía nueva o manipular otra ya existente. Los elementos básicos son crear y lanzar. «Crear» hace referencia a elegir un lugar para tu hechizo, eliminar cualquier energía no deseada, establecer un círculo de protección, elevar la energía y establecer tus intenciones. «Lanzar» hace referencia a hacer el trabajo, cerrar el círculo de protección y observar los resultados. Los pasos concretos de ambos varían según la tradición.

Cuando creas, primero debes consagrar un lugar para tu hechizo y limpiar la zona de energías no deseadas, viejas o negativas. Muchas brujas construyen un altar permanente o designan un espacio sagrado específico para su trabajo.

A continuación, debes establecer un círculo de protección para alejar la atención no deseada o las influencias exteriores. Existen muchos métodos para hacerlo. En la brujería tradicional se podría invocar a un dios o una diosa, mientras que una bruja secular realizaría algún tipo de invocación con un objeto significativo impregnado de energía natural o crearía un muro con su energía personal (en la página 27 analizaremos más a fondo esto).

Una vez dentro del círculo, recurrirás a una o más fuentes de energía para alimentar tu hechizo. Esta energía puede provenir de un dios o una diosa, un objeto natural, como un cristal o un talismán, o de ti misma.

Cuando tu hechizo esté terminado, debes retirar su energía para cerrar tu círculo de protección. La forma de hacerlo reflejará el método que utilizaste para lanzarlo.

Dónde practicar el trabajo con hechizos

Las brujas practican el trabajo con hechizos en todo tipo de lugares. Puedes consagrar una habitación como espacio sagrado o emplear un sitio diferente según el tipo de hechizo. Si no has salido del escobero, tu habitación podría ser tu única opción, y no pasa nada.

Muchos trabajos con hechizos pueden realizarse dentro de casa. Puedes hacer la mayoría de los que utilicen pociones, infusiones y horneados en la cocina, mientras que los de baño los harás en el cuarto de aseo. Probablemente practiques al aire libre aquellos trabajos que utilizan la luna, la astrología, las estaciones, la naturaleza o el clima. Intenta encontrar un lugar tranquilo y privado donde no te vayan a distraer ni interrumpir (si tienes jardín, sería ideal).

Independientemente del lugar, la seguridad debe ser tu máxima prioridad. Cuando, por ejemplo, trabajes con magia de fuego, es importante que utilices siempre herramientas ignífugas y tener cerca un extintor. Por encima de todo, debes trabajar en un lugar en el que te sientas cómoda y segura.

Cómo crear un altar

Un altar es una superficie llana que sirve como espacio de trabajo para hechizos, ceremonias, rituales, meditaciones y otras prácticas mágicas. Puedes diseñarlo para que se ajuste a un hechizo concreto o para que complemente un mes o una estación. Por ejemplo, muchas brujas crean altares temáticos para los ocho *sabbats* paganos (que veremos con más detalle en la página 22). Si estás al aire libre, puedes utilizar un tocón o una piedra plana. Si viajas con frecuencia, fabrica un altar portátil para poder llevarlo contigo.

Las herramientas que emplees variarán dependiendo de las tradiciones que sigas. Un altar puede crearse con cualquier presupuesto; siempre y cuando sea funcional, puede ser todo lo sencillo o complicado que quieras. Muchas brujas lo ponen de cara al norte y lo llenan de objetos o herramientas que representen cada uno de los cuatro elementos (tierra, aire, fuego y agua). Puedes incluir cualquier otro artículo que quieras, como un libro de sombras, cristales, objetos estacionales u otras ofrendas. Quizá necesites adaptarlo a distintos hechizos. Prepararlo debe ser divertido, así que tienes plena libertad para dejar que florezca tu creatividad.

Cómo acceder a tus poderes

Antes de poder practicar la magia, debes aprender a acceder a tu poder personal. Para ello, tendrás que limpiar tu mente y eliminar las distracciones a fin de alcanzar un estado mental relajado y centrado. Muchas brujas meditan entre cinco y diez minutos al principio de su práctica. Prueba a incorporar música, velas, incienso, aceites esenciales o meditaciones guiadas.

Cuando hayas aclarado tu mente, debes centrar, elevar y enraizar tu energía. El primer paso, centrar, es el proceso inicial de visualizar tu energía para así poder acceder a ella. Una vez centrada, podrás sentir cómo se expande y se contrae. Céntrate en conectarte con la energía de tu cuerpo e intenta notar una sensación de equilibrio.

A continuación, debes elevarla. Las brujas principiantes utilizan a veces demasiada energía propia en este paso y acaban agotándose. Puedes evitarlo utilizando objetos como cristales, piedras o agua cargada de luna llena que te aporten más energía. Estos artículos poseen su propia fuerza que puedes combinar con la tuya para obtener el poder suficiente para lanzar un hechizo. Para emplear un objeto cargado de energía (por ejemplo, un cristal), cógelo y visualiza cómo la energía de tu mano se mezcla con la del cristal. Es normal sentir calor en este punto; significa que has reunido la energía y estás preparada para utilizarla en un hechizo.

Cuando hayas terminado el trabajo, enraíza tu energía para reequilibrar tus niveles. El enraizamiento libera el exceso que haya podido quedar después de lanzar el hechizo. Si estás empezando, te recomiendo que consigas algunos cristales o piedras enraizantes como la hematite, la piedra de luna, la obsidiana o la sodalita. Para empezar a enraizarte, deberás colocarte tan cerca físicamente del suelo como puedas. Esta proximidad fomentará una conexión más fácil y suave. A continuación, visualiza que todo el exceso de energía abandona tu cuerpo mientras te centras en la respiración. Con cada exhalación, libera un poco más de energía y siente cómo fluye hacia el suelo.

Trabajo con hechizos en comunidad o solitario

Ahora que ya has aprendido los principios básicos del trabajo con hechizos, ha llegado el momento de responder a una de las preguntas más habituales de la bruja principiante: ¿es necesario pertenecer a un aquelarre para practicar la magia o lanzar hechizos? La respuesta es que no. Estar en un aquelarre es opcional, algo que solo tú puedes decidir si te apetece hacer o no.

AQUELARRES

Un aquelarre es una comunidad de brujas que practican juntas y realizan hechizos, rituales y ceremonias. En inglés se denomina *coven*, un término que proviene del latín *convenire*, que significa 'reunirse', y que fue popularizado por Margaret Murray en su libro *The Witch-Cult in Western Europe*, escrito en 1921. En los aquelarres suele haber uno o dos líderes, a los que se conoce como Sumo Sacerdote o Suma Sacerdotisa. Cuando lanzas hechizos en un aquelarre, a menudo compartes la carga de trabajo y se te destina un paso o una tarea de un hechizo más grande. Los que aparecen en este libro han sido escritos para una persona que practique en solitario, pero también pueden emplearse en una práctica de grupo.

Los aquelarres no son hoy en día tan importantes como lo fueron en su tiempo. Algunos se ganaron una reputación de controversia y corrupción, y se dice que unos pocos ocultaron temas subyacentes como dinámicas de poder tóxicas, explotación sexual, desnudez forzosa, sobornos y otras actividades inapropiadas. Como resultado de su complicado historial, en la actualidad muchas brujas prefieren el trabajo en solitario.

EN SOLITARIO

Si practicas tú sola, te dedicas sobre todo a hacer hechizos por tu cuenta, aunque siempre puedes unirte a una comunidad de más brujas, wiccanas o paganas. Hoy en día, muchas se unen en un «círculo», una reunión abierta sin la estructura de un aquelarre. Con frecuencia, las brujas se congregan en círculos para honrar la luna llena, realizar un ritual o analizar la espiritualidad y otros temas. Estos círculos permiten trabajar juntas a brujas que realizan prácticas diferentes. Encontrar el grupo adecuado para ti requiere investigación y tiempo. Acude a reuniones, júntate con otros miembros y plantea preguntas. Y, sobre todo, si en algún momento te sientes presionada o en peligro, recuerda que tienes todo el derecho a alejarte de esa situación.

Calendarios, estaciones y ciclos

Utilizar los calendarios, las estaciones y los ciclos es una forma eficaz de conectarte con la naturaleza y la magia que te rodea. Los días más importantes que debes recordar son, entre otros, los solsticios, los equinoccios y los *sabbats* que componen la Rueda del Año.

LAS CUATRO ESTACIONES Y LOS EQUINOCCIOS

Las cuatro estaciones están marcadas por los cuatro *sabbats* solares: el equinoccio de primavera, el solsticio de verano, el equinoccio de otoño y el solsticio de invierno. Existe también un *sabbat* en la mitad de cada estación, y estas cuatro fechas se conocen como celebraciones intermedias. Todos juntos, las festividades solares y las celebraciones intermedias, componen los ocho *sabbats* paganos: Samhain, Yule, Imbolc, Ostara, Beltane, Litha, Lughnasadh y Mabon. Un *sabbat* es una celebración en honor al cambio de estación. Este término procede de la palabra latina *sabbatum*, que significa 'día de descanso'.

SAMHAIN (*souin* o *sauin*): este *sabbat* representa la última cosecha, el final del verano y el comienzo del Año Nuevo de una bruja. Suele celebrarse el 31 de octubre en el hemisferio norte y el 30 de abril en el sur. Se produce cuando el velo que separa los mundos es más delgado, lo que permite que los muertos y los *faes* (espíritus de la naturaleza, como hadas, elfos y duendes) entren en nuestro plano. Coincide también con Halloween. En Samhain, honra a los espíritus, ponte en contacto con tus antepasados o celebra la vida y la muerte.

YULE (*yul* o *yuel*): se celebra entre el 21 y el 22 de diciembre en el hemisferio norte y entre el 21 y el 22 de junio en el sur. Es el solsticio de invierno, la noche más larga del año. Después, las noches se van haciendo más cortas a medida que se va aproximando la primavera. Representa la promesa de la luz y el renacimiento del sol. Utiliza este momento para honrar las energías transformadoras de la vida y la muerte y para celebrar con tu familia y amigos.

IMBOLC (*imbulg*): se celebra el 1 de febrero en el hemisferio norte y el 1 de agosto en el sur. A menudo se conoce como Candlemas o Día de Brígida y marca el momento en el que la vida empieza a reaparecer tras el sopor y la oscuridad del invierno. Utiliza esta fecha para celebrar la fertilidad, el amor y la creatividad.

OSTARA (*ostara*): Se celebra entre el 20 y el 21 de marzo en el hemisferio norte y entre el 20 y el 21 de septiembre en el sur. Es el equinoccio de primavera, uno de los dos días del año en el que el día y la noche duran exactamente lo mismo. A partir de ahí, los días se van haciendo más largos a medida que se acerca el verano. Celebra la renovación, el equilibrio y el renacimiento. Utiliza esta fecha para honrar la vida y las ideas nuevas.

BELTANE (*beltin* o *beialtina*): se celebra el 1 de mayo en el hemisferio norte y el 1 de noviembre en el sur. Festeja la vida, los nuevos comienzos, la pasión y el romance. Utiliza esta fecha para honrar las uniones y las energías primaverales.

LITHA (*lieta* o *lita*): se celebra entre el 21 y el 22 de junio en el hemisferio norte y entre el 21 y el 22 de diciembre en el sur. Es el solsticio de verano, el día más largo del año. Utiliza esta fecha para honrar el sol, la vitalidad, el crecimiento y el empoderamiento.

LUGHNASADH (*lunasa*): se celebra el 1 de agosto en el hemisferio norte y el 1 de febrero en el sur. A menudo se conoce también como Lammas y es el primer festival de la cosecha, un momento para recoger las semillas que se han sembrado durante todo el año como preparación para los meses más fríos que están por llegar. Utiliza esta fecha para celebrar la gratitud, la abundancia y la creatividad.

MABON (*meibun*): se celebra entre el 22 y el 23 de septiembre en el hemisferio norte y entre el 20 y el 21 de marzo en el sur. Es el equinoccio de otoño, otro día del año en el que la noche y el día son exactamente iguales. A partir de ahí, los días se van acortando a medida que se va acercando el invierno. Es también el segundo festival de la cosecha del año, un tiempo para celebrar con los seres queridos y dar gracias (se conoce también como el Día de Acción de Gracias de las brujas).

LOS CICLOS DE LA LUNA

La luna desempeña un papel importante en el trabajo con hechizos. Orbita alrededor de la Tierra cada veintinueve días y medio, los que tarda en completar su ciclo. En él, crece desde la luna nueva a la llena y luego va menguando otra vez hasta la nueva, momento en el que comienza un ciclo nuevo. En esta sección vamos a estudiar sus fases y la forma de emplearlas en tu práctica.

El papel de la luna

La energía de la luna va cambiando a lo largo del ciclo lunar. Por eso, es importante que sepas en qué fase estás al lanzar un hechizo.

El ciclo lunar comienza con la **luna nueva**, que ofrece un potencial ilimitado y una pizarra en blanco. Es la fase perfecta para hacer hechizos relacionados con los nuevos comienzos, la mejoría personal, la manifestación, la paz y la adivinación.

La **luna creciente**, o primer cuarto de luna, marca el punto medio entre la nueva y la llena. En esta fase, su energía está creciendo y, por eso, es ideal para hechizos que también necesiten energía para crecer, como los relacionados con tu creatividad, suerte, valor, salud, economía, equilibrio, motivación y amor.

La **luna llena** tiene lugar cuando está redonda y muestra todo su fulgor en el cielo. Su energía es más fuerte que nunca y debes aprovechar este momento para cargar tus herramientas para futuros trabajos con hechizos. En esta fase, algunas brujas realizan un esbat o ritual de la luna llena. Es perfecta para hechizos relacionados con la espiritualidad, las decisiones, la salud y el éxito.

La **luna menguante**, o último cuarto de luna, marca su descenso hacia otra luna nueva. En esta fase debes hacer hechizos relacionados con el enraizamiento, la liberación, la eliminación, la proscripción, las transiciones, los obstáculos y el equilibrio.

Justo antes de la luna nueva está la **luna oscura** o luna balsámica. En esta fase, está envuelta en oscuridad y no es visible en el cielo nocturno. Es ideal para hechizos relacionados con la intuición, la proscripción, la protección, la limpieza, la meditación y el trabajo energético.

LUNA LLENA

Todos los meses del año tienen una luna llena y cada una de ellas es distinta. Un año tiene solo doce meses, pero trece lunas llenas, lo que da como resultado una luna azul, que es una segunda luna llena que puede aparecer en cualquier mes. Aquí tienes una lista de lo que representa la luna de cada mes.

LUNA DE ENERO: la luna del lobo, del frío o del abedul; hace hincapié en las energías de protección, intuición y sabiduría.

LUNA DE FEBRERO: la luna del aceleramiento, la nieve, el hambre, el árbol casto o el serbal; energías de purificación, crecimiento y sanación.

LUNA DE MARZO: la luna de la tormenta, el gusano, la semilla, la savia o la ceniza; energías de renacimiento y despertar.

LUNA DE ABRIL: la luna de la liebre, el viento, la hierba, la rosa o el aliso; es ideal para hechizos relacionados con el cambio, el equilibrio, las emociones y la planificación.

LUNA DE MAYO: la luna de la flor, la alegría, la leche, la siembra o el sauce; es ideal para hechizos relacionados con construir energía, intuición y conexiones.

LUNA DE JUNIO: la luna de la rosa, el prado, la fresa, el sol fuerte o el espino albar; excelente para hechizos de protección, fortalecimiento, prevención y mantenimiento.

LUNA DE JULIO: la luna del mosto, la paja, el trueno, la bendición, el ciervo o el roble; perfecta para hechizos relacionados con la adivinación, el trabajo con los sueños y las habilidades psíquicas.

LUNA DE AGOSTO: la luna del maíz, el rojo, el esturión o el acebo; se utiliza para hechizos relacionados con el renacimiento, la abundancia, la prosperidad y la renovación.

LUNA DE SEPTIEMBRE: la luna de la cosecha o del avellano; ideal para hechizos relacionados con la luz y la oscuridad, las emociones y el bienestar mental y físico.

LUNA DE OCTUBRE: la luna de la sangre, el cazador o la vid; perfecta para hechizos relacionados con dejar ir, limpiar, el karma, el crecimiento, la adivinación, el trabajo con los sueños y los espíritus.

LUNA DE NOVIEMBRE: la luna del duelo, la escarcha, el castor o la hiedra; útil para hechizos relacionados con desechar hábitos o relaciones, nuevos inicios y conexiones.

LUNA DE DICIEMBRE: la luna de las noches largas, el frío o el junco; ideal para hechizos relacionados con la resistencia, el renacimiento y la transformación.

LUNA AZUL: la luna con la energía más fuerte.

Herramientas y ropa

Toda persona que trabaje con hechizos necesita herramientas... aunque tener una gran colección de utensilios caros o joyas elegantes no va a potenciar por sí solo tu poder. En primer lugar, tienes que aprender los principios básicos, y los vamos a repasar en esta sección.

ROPA PARA EL TRABAJO CON HECHIZOS

La ropa que se pone una persona para practicar la magia depende de la tradición que siga. A veces, los miembros de un aquelarre o de un círculo llevan túnicas. En algunas tradiciones de la wicca, la norma es hacerlo desnudo. Debes reflexionar sobre lo que te vas a poner para hacer hechizos, pero no hace falta que sea nada elaborado ni caro. Lo más importante es que te sientas cómoda estando sentada, de pie, moviéndote y, en ocasiones, bailando. Llevar joyas, cristales o talismanes puede también potenciar tu energía.

OBJETOS SIGNIFICATIVOS

Las brujas emplean distintas herramientas y objetos significativos para potenciar su trabajo. Yo no puedo vivir sin mi libro de sombras, cuenco para el altar, mortero, velas, cristales, incienso, herramientas de adivinación, escoba y varita. Algunos de los hechizos contenidos en este libro utilizan otros objetos significativos como colgantes, joyas y muñequitas. Aquí tienes algunos de los objetos y herramientas más utilizados.

Libro de sombras

Muchas brujas emplean un libro de sombras o un grimorio para llevar un registro de su práctica. Puede incluir hechizos, meditaciones, rituales, recetas y notas variadas.

Cuenco para el altar

Encontrar un buen cuenco para el altar puede resultar un poco más complicado de lo que podría parecer. Debe poder contener sal, hierbas, cristales y agua (para pociones o para practicar la adivinación). Yo uso uno negro o natural, ancho y bastante hondo.

Mortero

Moler tus hierbas a mano puede ayudarte a establecer una intención en tu trabajo con hechizos. Yo empleo un mortero para moler mezclas herbales para hechizos embotellados, bolsas y saquitos, incienso, recubrimiento de velas y muñequitas.

Velas

En los hechizos de este libro se emplean distintas velas. Las grandes, de pilar o cónicas, son perfectas para hechizos prolongados, mientras que las de té y las votivas son ideales para hechizos que requieren un solo uso. El tiempo que tardan en consumirse varía, pero, de media, las velas de pilar de entre doce y diecisiete centímetros durarán entre noventa y cien horas; las votivas pequeñas, entre nueve y doce, y las de té, entre cuatro y seis. Asegúrate de mantener las velas encendidas lejos de materiales combustibles, líquidos inflamables y gases.

Cristales

Los cristales son una herramienta fundamental para el trabajo con hechizos. A mí me gusta considerarlos baterías recargables de energía. Los hechizos contenidos en este libro emplean distintos cristales, pero te recomiendo empezar con uno de cuarzo transparente, porque puede sustituir a cualquier otro en casi todos los casos. Entre un uso y otro, debes limpiarlos para eliminar energías viejas. En la página 33 encontrarás una lista de los más habituales.

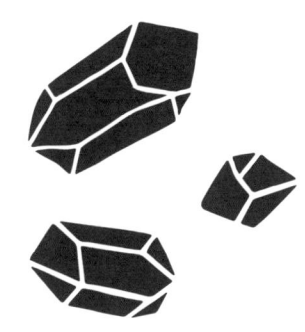

Incienso

El incienso se emplea a menudo en el trabajo con hechizos para facilitar la limpieza y la purificación y para establecer intenciones. Puede ser inflamable o no inflamable. El primero contiene salitre para que queme bien y se obtiene en forma de conos, varitas y espirales. El no inflamable debe quemarse en un disco de carbón

vegetal sobre un plato ignífugo. Suele venir en forma de gránulos o varas para sahumerios (manojos de hierbas secas atadas con una cuerda).

HERRAMIENTAS DE ADIVINACIÓN

Cada bruja utiliza unas herramientas diferentes para ver «lo divino» o para pronosticar el futuro. Yo tengo siempre una baraja de cartas de tarot en mi altar (recomiendo las Rider-Waite) y una bolsa de runas a mano. Las runas son piedras que tienen grabadas las letras del alfabeto rúnico, un alfabeto prelatino de origen germánico. Yo empleo el Elder Futhark, que está formado por veinticuatro letras.

Escoba de bruja

La escoba de bruja se emplea para barrer un altar o una habitación. Elimina las energías viejas procedentes de trabajos con hechizos o rituales anteriores. Muchas brujas utilizan una versión en miniatura para limpiar su altar, sus herramientas y sus ingredientes.

Muñequita

Las muñequitas se hacen a mano (y a menudo se cosen también a mano) para representar a una persona en el trabajo con hechizos. Puedes hacerlas con cualquier tipo de tela, pero, si estás aprendiendo a coser, te recomiendo que trabajes con fieltro y que las cosas con una aguja grande y un hilo para bordar.

Varita o athame

Las varitas se utilizan para dirigir la energía en el trabajo con hechizos. A menudo se emplean para sustituir el athame tradicional (el cuchillo de la bruja) o la *planchette* (puntero). Pueden estar hechas de distintos tipos de maderas y en ocasiones incorporan cristales o piedras.

Un ejemplo de la despensa de una bruja

¡Muchos de los hechizos de este libro emplean ingredientes que puedes encontrar en tu supermercado! A continuación te muestro una lista de los más habituales. Los menos comunes pueden adquirirse en una tienda especializada en artículos de brujería o por Internet.

Los **ACEITES ESENCIALES** son aceites concentrados que albergan la fragancia de la planta con la que se han elaborado. Son potentes, por lo que en la mayoría de los hechizos se utilizan en cantidades muy pequeñas. Asegúrate de diluirlos en agua o en un aceite portador antes de ponértelos en la piel. Los que se emplean con más frecuencia en este libro son:

- Bergamota
- Cedro
- Eucalipto
- Geranio
- Jazmín
- Lavanda
- Pachuli
- Menta
- Rosa
- Romero
- Salvia
- Sándalo

Los **ACEITES PORTADORES** son aceites de base (por lo general de plantas o vegetales) que se emplean para diluir los esenciales. Suelen ser baratos y encontrarás la mayoría en una tienda de comestibles. Los que se utilizan con más frecuencia son, entre otros, los siguientes:

- Aceite de almendras
- Aceite de aguacate
- Aceite de coco
- Aceite de jojoba
- Aceite de oliva
- Aceite de rosa mosqueta

Las **HIERBAS**, **ESPECIAS**, **FLORES Y CRISTALES** son ingredientes fundamentales en muchos de los hechizos de este libro. Entre los más utilizados están los siguientes:

HIERBAS (FRESCAS Y SECAS)

- Albahaca
- Hoja de laurel (seca)
- Melisa
- Menta
- Artemisa
- Cáscara de naranja (fresca)
- Romero
- Hipérico
- Tomillo

ESPECIAS

- Pimienta de Jamaica
- Pimienta negra
- Sal negra
- Cardamomo
- Cayena
- Canela (molida y en rama)
- Clavo (entero y molido)
- Escamas de chile machacadas
- Comino
- Sales de Epsom
- Jengibre (fresco y seco)
- Nuez moscada
- Salvia
- Sal marina
- Anís estrellado

FLORES (TODAS SECAS A MENOS QUE SE ESPECIFIQUE LO CONTRARIO)

- Manzanilla
- Pétalos de geranio
- Flores de hibisco
- Jazmín
- Lavanda
- Flores de tagete
- Escaramujos
- Pétalos de rosa (frescos y secos)
- Flores de violeta
- Flores de milenrama

CRISTALES

- Aventurina
- Heliotropo
- Cornalina
- Citrino
- Cuarzo transparente
- Esmeralda
- Granate
- Hematite
- Lapislázuli
- Obsidiana
- Peridoto
- Pirita
- Cuarzo rosa
- Selenita
- Cuarzo ahumado
- Sodalita
- Ojo de tigre
- Turquesa

Significantes

El trabajo con hechizos emplea frecuentemente símbolos y significantes. Aunque muchos de ellos se emplean en todas las tradiciones de brujería, recopilar una lista completa sería una tarea imposible. Aquí tienes algunos de los símbolos y significantes más empleados.

SÍMBOLOS

Los símbolos te permiten comunicarte y lanzar hechizos en clave. Los más importantes y que debes aprender son el pentáculo, los triángulos elementales, los círculos, las fases de la luna, los sellos y los nudos.

PENTÁCULO: es una estrella de cinco puntas, o pentagrama, inscrita en un círculo. Se ha convertido en un símbolo característico del paganismo moderno y a menudo lo verás grabado en las herramientas. Tiene asociaciones estrechas con los elementos, los altares, los círculos sagrados, la protección, el poder divino y la espiritualidad.

TRIÁNGULOS ELEMENTALES: son cuatro triángulos diferentes que representan los elementos del mundo natural (tierra, aire, agua y fuego). Puedes utilizarlos para sustituir un elemento cuando no tengas acceso directo a él.

CÍRCULOS: esta forma representa el espacio sagrado y la energía protectora. Están también asociados a la plenitud, la energía continuada, el espíritu y los símbolos astrológicos del sol y de la luna.

FASES DE LA LUNA: cada fase del ciclo lunar (nueva, creciente, llena, menguante y oscura) tiene su símbolo correspondiente. Conocer las diferencias entre ellas (que ya vimos en este mismo capítulo, en la página 25) te ayudará en tu trabajo con hechizos y hará que te resulte más fácil leer calendarios y seguir los movimientos astrológicos.

SELLOS: son símbolos únicos que creas con una intención o significado concretos. Pueden grabarse, dibujarse o coserse en un objeto para personificar la energía. Este libro de hechizos te enseñará cómo hacer varios tipos de sellos personalizados que te ayuden en tu práctica.

NUDOS: los nudos en el trabajo con hechizos suelen simbolizar conexión, protección y unión.

COLORES

Cada color tiene un significado diferente en brujería. Muchos de los hechizos de este libro utilizan colores determinados para conseguir unas intenciones concretas. Aquí tienes una lista de los colores y sus asociaciones.

BLANCO: limpieza, protección, verdad, pureza, sanación y visión clara.

NEGRO: negatividad, inversión, eliminación, protección, perdón, dolor y abandono de una relación.

MARRÓN: incertidumbre, enraizamiento, protección, ideas y localización de objetos perdidos.

GRIS: neutralidad, asentar emociones, invisibilidad y compromisos.

ROJO: amor, pasión, fuerza, valor, placer, acción y determinación.

NARANJA: fertilidad, creatividad, autoestima, confianza en uno mismo, abundancia y energía.

AMARILLO: confianza en uno mismo, sabiduría, felicidad, memoria, concentración, lógica y ejercicios mentales.

VERDE: dinero, suerte, fertilidad, sanación, crecimiento y prosperidad.

AZUL: salud, calma, confianza en uno mismo, verdad, éxito, protección y depresión.

MORADO: poder, habilidades psíquicas, adivinación, protección psíquica, sueños y memoria.

ROSA: amor, honor, romance, amistad, cariño, confianza y atracción.

DORADO: logros mundanos, riqueza y reconocimiento.

PLATEADO: adivinación, objetivos, despertar de las habilidades psíquicas y visiones.

CANCIONES Y CÁNTICOS

Las palabras, los cánticos, las canciones y los encantamientos se emplean para elevar la energía, el poder y la intención de un hechizo. También puedes escribirlos tú misma.

Antes de empezar tu trabajo con hechizos

Antes de empezar a lanzar hechizos, es importante que aprendas algunas cosas relacionadas con el karma, la intención, la reencarnación y el libre albedrío. Estos temas elevarán tus bases y te permitirán tomar decisiones informadas y ser consciente de las consecuencias de tu trabajo.

KARMA E INTENCIÓN

En la página 13 vimos ya los principios básicos del karma, pero debes tener también en cuenta tus intenciones y cómo se entrecruzan con él. A la hora de establecer intenciones para tus hechizos, has de asumir una responsabilidad personal. Recuerda que las intenciones que lanzas al mundo te acabarán llegando a ti.

REENCARNACIÓN

Muchas brujas y wiccanas creen en los espíritus, el más allá y la reencarnación, y ahí es donde puede hacerte una visita el karma. Si tienes mucha mala suerte o experiencias de vida negativas, quizás sea el resultado de cosas malas que hayas hecho en vidas anteriores.

LIBRE ALBEDRÍO

Como bruja, albergas el poder de manifestar el cambio, pero pase lo que pase siempre debes respetar el libre albedrío. Intentar cambiar la voluntad de otra persona puede tener consecuencias muy graves.

Ten cuidado cuando lances hechizos que incluyan a otros y sé consciente de tus intenciones.

Instrucciones frecuentes en los hechizos

Los hechizos de este libro pueden incluir muchas de las instrucciones básicas. Antes de zambullirnos en ellos, aquí tienes algunas instrucciones comunes que encontrarás y su significado.

LIMPIAR TU ALTAR O TU ZONA DE TRABAJO CON HECHIZOS. Este es el primer paso de casi todos los hechizos de este libro y hace referencia a limpiar físicamente el espacio y, además, eliminar viejas energías. Para ello, puedes emplear tu propia energía, una escoba de bruja, incienso o cristales. Cuando limpias tu espacio, también puedes consagrarlo, es decir, dedicarlo para tu trabajo con hechizos.

PURIFICAR TUS HERRAMIENTAS E INGREDIENTES. Antes de empezar la mayoría de los hechizos, tendrás que purificar las herramientas y los ingredientes. Aquí tienes algunas formas de hacerlo: puedes pasarlos por humo de incienso, agitar una escoba de bruja por encima o lavarlos con agua. Existen unas pocas normas prácticas. Por ejemplo, no utilices agua para purificar objetos que podrían dañarse si se mojan, como joyas de metal, madera y algunos cristales, y no emplees humo de incienso si estás en una zona con mala ventilación. Estos hechizos no especifican cómo debes hacerlo a menos que requieran algo muy concreto. En líneas generales, puedes juzgar por ti misma.

CARGAR AGUA. Varios hechizos de la segunda parte del libro te piden agua cargada bajo la luna llena. Para cargar un cuenco de agua no tienes más que dejarlo fuera toda la noche bajo la luna llena. Esto permite que la energía lunar se transmita al agua.

CARGAR (O RECARGAR) UN CRISTAL. Puedes cargar un cristal colocándolo bajo la luz de la luna llena. Si no dispones de tiempo para esperar a esta fase lunar, puedes sostener el cristal en tu mano para cargarlo con tu propia energía. Ahora bien, ¡ten cuidado de no utilizar demasiada!

RECARGAR UN OBJETO TERMINADO. Para recargar un objeto que hayas creado en un hechizo, realiza el mismo hechizo sobre él una vez más. Si, por ejemplo, una receta te indicaba que hicieras un colgante hechizado, puedes recargarlo haciendo el mismo hechizo sobre él una segunda vez. Recargar objetos ayuda a retener sus propiedades mágicas.

UNGIR UN OBJETO. Ungir algo es frotarlo con aceite.

VIDENCIA, VIDENCIA MEDIANTE EL AGUA, VIDENCIA MEDIANTE EL FUEGO O CONTEMPLACIÓN. La videncia es el proceso de contemplar una sustancia y utilizarla para ver el futuro. En los hechizos de este libro, por lo general se te indicará que contemples un fuego, la llama de una vela, un cuenco de agua, humo de incienso o una bola de cristal.

UTILIZAR TU VARITA. Una varita te ayudará a dirigir y centrar tu energía. Para utilizarla, sostenla firmemente y trátala como si fuese una extensión de tu mano. Empléala para dirigir y canalizar tu energía mientras estableces intenciones, creas barreras de energía o activas redes de cristales.

IMPREGNAR OBJETOS CON TU INTENCIÓN. Para impregnar un objeto con tu intención, sostenlo entre tus manos, cierra los ojos y visualiza tus deseos. Esto permitirá que una parte de tu energía se transfiera al objeto. Tus intenciones, tu energía y tus deseos manifestarán resultados para tus hechizos.

SEGUNDA PARTE

HECHIZOS

Cuando lanzamos hechizos, estamos por lo general intentando crear un cambio en nuestra vida. Sin embargo, debemos aprender a ser conscientes de la energía y las intenciones que ponemos en ellos. Las personas que están empezando suelen sentirse tentadas a lanzar hechizos con malas intenciones o a practicar la brujería cuando sus emociones están exacerbadas o inestables... pero eso puede tener graves consecuencias.

Cuando sientas que tus emociones están fuera de control, centra tu energía con un baño de amor para ti misma (página 45) a fin de controlarlas. Eso te ayudará a recuperar una sensación de calma y nadie resultará perjudicado.

Por último, debes siempre abordar el trabajo con hechizos de una forma reflexiva, razonable y cuidadosa. Recuerda que tú eres quien elige cómo vas a utilizar el poder de tus intenciones.

CAPÍTULO
3

AMOR
ROMÁNTICO

Atraer o encontrar el amor es un tema popular en el trabajo con hechizos. También puede resultar peligroso porque, si no tienes cuidado, puedes sin darte cuenta violar la ley cósmica. Cuando realices estos hechizos, toma decisiones informadas acerca de lo que es correcto y lo que no lo es. Los hechizos de esta sección te permitirán atraer, aumentar, encontrar, superar e inspirar el amor en tu vida.

Poción de rosa para atraer el amor

Esta poción es ideal para atraer a tu vida a posibles pretendientes o admiradores. Utiliza hierbas y herramientas fáciles de encontrar y que probablemente ya tengas en casa. Una rosa es la mejor flor para esta receta porque está asociada con el amor.

CUÁNDO HACER ESTE HECHIZO:
Un viernes o en luna creciente

TIEMPO QUE DEBES DEDICAR AL HECHIZO:
15 minutos

DÓNDE REALIZAR EL HECHIZO:
En la cocina

INGREDIENTES/HERRAMIENTAS:
Un cazo pequeño
1 taza de agua
1 cucharadita de pétalos
   de rosa secos
1 cucharadita de flores
   de hibisco secas
1 cucharadita de flores
   de lavanda secas
Una pizca de canela
Una gasa o un colador
Una taza para beber

1. Limpia la cocina.

2. Hierve el agua en un cazo pequeño mientras estableces tus intenciones.

3. Retira el cazo del fuego. Introduce, de uno en uno, los pétalos de rosa, las flores de hibisco, las de lavanda y la canela. Mientras lo haces, repite cuatro veces las palabras *«infundir, imbuir, impartir, sumergir»*.

4. Remueve lentamente la mezcla mientras visualizas cómo la energía de la atracción envuelve las hierbas del cazo. Deja reposar la poción durante diez minutos.

5. Cuela a una taza y bebe.

Baño de amor para ti misma

La magia del baño es ideal para limpiar la energía vieja y permitir que arraigue otra nueva y enriquecedora. Este hechizo es perfecto para generar más amor hacia tu ser físico, mental, emocional, psicológico y espiritual.

CUÁNDO HACER ESTE HECHIZO:
Un lunes, viernes o durante la luna llena

TIEMPO QUE DEBES DEDICAR AL HECHIZO:
30 minutos

DÓNDE REALIZAR EL HECHIZO:
En el baño

INGREDIENTES/HERRAMIENTAS:
1 taza de sales de Epsom
3 gotas de aceite esencial de jazmín
3 gotas de aceite esencial de rosa
Encendedor o cerillas
Una vela de pilar rosa
Un cristal de cuarzo rosa

1. Limpia el cuarto de baño.

2. Llena la bañera con agua templada o caliente.

3. Incorpora las sales de Epsom y los aceites esenciales de jazmín y rosa.

4. Mientras se llena la bañera, enciende la vela y colócala en un lugar seguro y cercano.

5. Sostén el cristal de cuarzo rosa con tu mano dominante y sumérgete en el baño durante veinte minutos. Céntrate en las cosas que te gustan de ti. Siente cómo el agua impregna tu cuerpo y el cuarzo rosa de amor y energías sanadoras.

6. Una vez transcurridos los veinte minutos, vacía la bañera y apaga la vela.

7. Siempre que necesites un extra de amor hacia ti misma, enciende la vela y sostén el cuarzo rosa.

Hechizo para superar un amor

Este hechizo te ayudará a superar un amor pasado. El momento ideal para lanzarlo es después de la luna llena, cuando empieza a menguar hacia la oscuridad de la luna nueva.

CUÁNDO HACER ESTE HECHIZO:
Durante la luna menguante

TIEMPO QUE DEBES DEDICAR AL HECHIZO:
15 minutos

DÓNDE REALIZAR EL HECHIZO:
En el altar

INGREDIENTES/HERRAMIENTAS:
3 gotas de aceite esencial de clavo
1 cucharada de aceite de oliva
Un platito pequeño
Una vela de pilar negra
Encendedor o cerillas
Papel y bolígrafo
Un cuenco grande
Un cuenco pequeño
½ taza de agua (aprox.)

1. Limpia tu altar.

2. Mezcla el aceite esencial de clavo y el de oliva en un platito pequeño. Unge la vela negra con los dedos. Ten cuidado de que no caiga aceite en la mecha.

3. Enciende la vela y céntrate en tus intenciones de cortar vínculos con tu antiguo amante.

4. Escribe un mensaje de despedida a los sentimientos que ya no te resultan útiles e introdúcelo en un cuenco grande.

5. Llena el cuenco pequeño con agua y mete las manos para limpiar el dolor, la ira y el resentimiento.

6. Levanta algo de agua con las manos y salpícala sobre el papel para reforzar tu despedida.

7. Arruga el papel y tíralo para eliminarlo de tu vida.

8. Siempre que sientas que tus viejos sentimientos regresan, enciende la vela ungida.

Sello de amor personalizado

¡Crear un sello de amor personalizado resulta divertido y creativo! Este es perfecto para atraer hacia ti más atención de la persona que te interesa en el aspecto romántico. Es también la mejor manera de iluminar tus auténticos sentimientos.

CUÁNDO HACER ESTE HECHIZO:
Un viernes o durante
 la luna nueva

TIEMPO QUE DEBES DEDICAR
AL HECHIZO:
10 minutos

DÓNDE REALIZAR EL HECHIZO:
En el altar

INGREDIENTES/HERRAMIENTAS:
2 hojas de papel
Un bolígrafo rojo

1. Limpia tu altar.

2. En una de las hojas de papel, escrite tu nombre y el de la persona que te interesa con un bolígrafo rojo.

3. Deconstruye las letras de los nombres en sus trazos básicos, como curvas, puntos, rayas y líneas. Dibújalos en el mismo papel debajo de los nombres.

4. En la misma hoja, combina los trazos para crear una forma. Puede ser un cuadrado, un corazón, una cruz o un triángulo. Coloca el resto de círculos, arcos y rayas a lo largo de las líneas o alrededor de la forma. Este es tu sello de amor.

5. Vuelve a dibujar tu sello, ahora codificado con tus intenciones, en la segunda hoja de papel y llévalo contigo.

Hechizo de amarre para recuperar el amor

¿Has tenido una discusión con tu amado y lo lamentas? ¿Quieres volver al comienzo de tu romance? Este hechizo es perfecto para devolver la energía de la relación a lo que era, cuando el amor era puro y nuevo.

CUÁNDO HACER ESTE HECHIZO:
Un lunes o durante
la luna nueva

**TIEMPO QUE DEBES DEDICAR
AL HECHIZO:**
Entre 45 y 60 minutos

DÓNDE REALIZAR EL HECHIZO:
En el altar

INGREDIENTES/HERRAMIENTAS:
Incienso de los deseos
(página 57) o incienso
de positividad (página 202)
Un disco de carbón vegetal
y un plato ignífugo (opcional)
3 velas de té rojas
Encendedor o cerillas
2 trozos de cordel
de 30 cm de distintos colores

1. Limpia el altar.

2. Prende el incienso de los deseos o de positividad. Si es granulado, colócalo en un disco de carbón vegetal sobre un plato ignífugo. Coloca las velas formando un triángulo.

3. Enciende las velas y céntrate en tu intención de restaurar el amor.

4. Sostén los dos trozos de cordel juntos y haz un nudo simple en un extremo. Mientras lo haces, di: «*Nudo de amor, lo desvanecido revive*».

5. Haz otro nudo y di: «*Nudo de pasión, el placer de nuevo consigue*».

6. Haz un tercer nudo y di: «*Nudo de adoración, lo que ha quedado dañado renueva*».

7. Haz un cuarto y último nudo y di: «*Nudo de deseo, repara y reescribe, remedia*».

8. Deja arder las velas mientras meditas visualizando el amor que quieres restaurar. Continúa hasta que hayan transcurrido entre 45 y 60 minutos.

Hechizo ardiente para un desengaño amoroso

Quema el desengaño amoroso utilizando el elemento fuego. Este hechizo utiliza fotografías y melisa, una planta reconocida por sus propiedades sanadoras. Te ayudará a recuperarte del dolor emocional de una relación rota.

CUÁNDO HACER ESTE HECHIZO:
Un lunes o durante
la luna oscura

TIEMPO QUE DEBES DEDICAR AL HECHIZO:
Entre 30 y 45 minutos

DÓNDE REALIZAR EL HECHIZO:
En el altar o en un fuego
al aire libre

INGREDIENTES/HERRAMIENTAS:
Un fuego al aire libre si vas
a hacerlo fuera
Un cuenco ignífugo si vas
a hacerlo dentro, en tu altar
Encendedor o cerillas
2 fotografías, una tuya y otra
de la persona que te ha roto
el corazón
Un puñadito pequeño
de melisa seca
Sal marina (opcional)

1. Limpia el altar o la zona donde vas a encender el fuego.

2. Si vas a hacer el hechizo dentro de casa, prende el borde de cada foto con el encendedor antes de colocarlo en el cuenco ignífugo. Si lo vas a realizar al aire libre, puedes echar las fotos al fuego una a una. Mientras se queman, di:

   «Con esta foto, alivio mi aflicción;
   con este fuego, quemo esta pena;
   con estas cenizas, elimino este dolor».

3. Cuando hayas quemado las dos fotografías, echa la melisa al fuego o al cuenco.

4. Opcional: recoge un poco de la ceniza del fuego y mézclala con sal marina para crear una potente sal negra no comestible que puedes espolvorear o echar a tu alrededor para eliminar en el futuro las emociones negativas.

Talismán para sanar el corazón roto

Este hechizo te enseña a crear un talismán para facilitar la sanación de tu corazón. Debes llevarlo en todo momento. En esta receta se emplea cayena, que proporciona apoyo durante las separaciones y el dolor emocional.

CUÁNDO HACER ESTE HECHIZO:
Un lunes o durante
la luna oscura

TIEMPO QUE DEBES DEDICAR AL HECHIZO:
15 minutos

DÓNDE REALIZAR EL HECHIZO:
En el altar

INGREDIENTES/HERRAMIENTAS:
Una pizca de cayena
Una vela votiva o de pilar negra
  o blanca
Encendedor o cerillas
Un collar

1. Limpia el altar.

2. Espolvorea la cayena sobre la vela para ungirla.

3. Enciende la vela y visualiza sus propiedades reparadoras.

4. Pasa el collar por el humo de la vela mientras dices:
   «Collar de sanación,
   llena el vacío de mi roto corazón
   mientras te impregno de energía y sentimiento;
   para crear mi reinicio, apóyame al momento».

5. Permite que tu poder impregne el collar y lo cargue.

6. Repite el hechizo cada pocos meses para recargar el talismán. Puedes utilizar la misma vela.

Anillo de fidelidad

Este encantamiento hechiza los anillos de compromiso para inspirar la confianza entre tu pareja y tú. Está pensado para utilizarlo en alianzas de boda, pero puede usarse en cualquier joya.

CUÁNDO HACER ESTE HECHIZO:
Durante el equinoccio
de primavera, el solsticio
de verano o una luna creciente

TIEMPO QUE DEBES DEDICAR AL HECHIZO:
15 minutos

DÓNDE REALIZAR EL HECHIZO:
En el altar

INGREDIENTES/HERRAMIENTAS:
1 cucharada de aceite portador
2 platos grandes
Una vela de pilar rosa
1 cucharadita de albahaca seca
1 cucharadita de regaliz seco
Encendedor o cerillas
2 joyas, una para ti y otra
para tu pareja

1. Limpia el altar.

2. Vierte el aceite en un plato.

3. Introduce la vela de pilar en el aceite y hazla rodar en él con cuidado de no mojar la mecha.

4. Espolvorea la albahaca y el regaliz sobre la vela ungida hasta que se haya recubierto ligeramente por todos lados. Céntrate en establecer tus intenciones en ella.

5. Coloca la vela ungida en el segundo plato y enciéndela.

6. Coge las dos piezas de joyería y pásalas por el humo de la vela teniendo cuidado de no acercarte demasiado a la llama.

7. Céntrate en imbuir cada una con pensamientos de confianza, compromiso, fidelidad y devoción.

8. Deja enfriar las joyas. Ponéoslas y repite el hechizo una vez al mes o, como mínimo, cada tres meses para recargarlas.

Aceite «Ven a mí»

Puedes ponerte este aceite sobre la piel para emitir energía y vibraciones que atraigan el amor o emplearlo para ungir velas, muñequitas o amuletos. Si sabes que tienes la piel sensible, haz una prueba primero en una zona pequeña. Este aceite seguirá siendo potente durante unos ocho meses; al cabo de ese tiempo, prepara otro nuevo.

CUÁNDO HACER ESTE HECHIZO:
Un viernes o durante
la luna llena

TIEMPO QUE DEBES DEDICAR AL HECHIZO:
20 minutos

DÓNDE REALIZAR EL HECHIZO:
En el altar

INGREDIENTES/HERRAMIENTAS:
2 cucharadas de aceite
portador, como el de almendras
o jojoba

Una botella pequeña color
ámbar con aplicador
o con cuentagotas
2 gotas de aceite esencial
de rosa
2 gotas de aceite esencial
de cedro
1 gota de aceite esencial
de lavanda
1 gota de aceite esencial
de vainilla
Una pizca de ralladura
de naranja

1. Limpia el altar.

2. Introduce el aceite portador en la botella ámbar.

3. Añade, de uno en uno, los aceites esenciales de rosa, cedro, lavanda y vainilla. Al incorporar cada ingrediente, di: *«Ven a mí»*.

4. Añade la ralladura de naranja.

5. Sostén la botella con las dos manos y visualiza cómo se envuelve de energía. Cárgala con tus intenciones.

Poción de citrino para la vista

Esta poción infusionada ayuda a adivinar el amor y a recibir visiones de tu futura pareja. También puedes usarla para cargar tu citrino, una piedra que ayuda a estimular la mente para potenciar las visiones.

CUÁNDO HACER ESTE HECHIZO:
Un viernes o durante la luna nueva

TIEMPO QUE DEBES DEDICAR AL HECHIZO:
Entre 15 y 20 minutos

DÓNDE REALIZAR EL HECHIZO:
En la cocina

INGREDIENTES/HERRAMIENTAS:
Un cazo pequeño
1 taza de agua
1 cucharadita de pétalos de rosa secos
1 cucharadita de manzanilla seca
½ cucharadita de artemisa seca
½ cucharadita de citronela seca
Un cristal de citrino
Una gasa o colador
Una taza para beber

1. Limpia la cocina.

2. Hierve el agua en un cazo pequeño y retíralo del fuego.

3. Introduce en el cazo, uno por uno, los pétalos de rosa, la manzanilla, la artemisa y la citronela.

4. Sostén el citrino con las manos y di:
   «Con estas hierbas, amplifico
   y lo que no puede verse desvelo;
   con esta infusión aclaro visiones
   que a través del citrino revelo».

5. Remueve lentamente la poción mientras visualizas cómo la energía de visión potenciada envuelve el citrino. Deja reposar la poción durante diez minutos.

6. Cuela la poción en una taza y bébela sin dejar de sostener el citrino cargado.

Runa de vinculación para amantes

Conserva o atrae una relación amorosa con la ayuda de esta runa de vinculación (en la página 30 encontrarás más información sobre ellas). Este tipo de runas se fabrican combinando dos o más para formar una sola. Para realizar este hechizo, busca una piedra plana que te atraiga. La emplearás para albergar tu runa de vinculación.

CUÁNDO HACER ESTE HECHIZO:
Un viernes o durante
la luna nueva

**TIEMPO QUE DEBES DEDICAR
AL HECHIZO:**
15 minutos

DÓNDE REALIZAR EL HECHIZO:
En el altar

INGREDIENTES/HERRAMIENTAS:
Una lista de runas
y sus significados
Una hoja de papel
Un rotulador permanente rojo
Una piedra o roca que hayas
recogido, suficientemente
grande como para escribir
sobre ella

1. Limpia el altar.

2. Practica la manera de crear una runa de vinculación dibujando dos, una encima de otra, sobre un papel. Elige aquellas que representen tu intención de amor.

    Para las relaciones y la felicidad, Gebo y Wunjo son estupendas. Gebo es la runa de los regalos y las pareja, mientras que Wunjo es la de la alegría y el placer.

3. Purifica la piedra.

4. Sostén la piedra en tu mano y visualiza cómo la energía de tus intenciones se vierte sobre ella.

5. Escribe la runa de vinculación sobre la piedra con el rotulador permanente.

6. Lleva contigo tu runa de vinculación.

Saquito de enamorados

Utiliza este saquito encantado para atraer un amor. Llévalo en la cartera o en el bolsillo o colócalo debajo de la almohada para soñar con alguien que pueda interesarte en un futuro. Debes tenerlo siempre cerca de ti para que pueda actuar.

CUÁNDO HACER ESTE HECHIZO:
Un viernes o durante
la luna nueva

**TIEMPO QUE DEBES DEDICAR
AL HECHIZO:**
15 minutos

DÓNDE REALIZAR EL HECHIZO:
En el altar o en la cocina

INGREDIENTES/HERRAMIENTAS:
Encendedor o cerillas
Una vela votiva roja o rosa
Un cuadrado de 20 cm de tela
  roja o rosa
2 cucharaditas de fresas secas
2 cucharaditas de álsine seco
2 cucharaditas de pétalos
  de rosa secos
2 cucharaditas de lavanda seca
2 ramas de canela
Un topacio rosa o un rubí
Un amuleto con forma de
  corazón o un sello de amor
  personalizado (página 47)
Cuerda roja o rosa

1. Limpia el altar o la cocina.

2. Enciende la vela y visualiza tus intenciones.

3. Extiende la tela. Coloca sobre ella las fresas, el álsine, los pétalos de rosa, la lavanda, las ramas de canela, el cristal elegido y tu amuleto mientras dices:

   *«Fresa para el amor dulce,
   álsine para las relaciones,
   pétalos de rosa para el romance,
   lavanda para la atracción,
   canela para la felicidad,
   cristal para la seducción,
   amuleto para mi corazón».*

4. Recoge los lados de la tela y átalos con una cuerda apretando bien para sellar el saquito mientras visualizas las energías de los ingredientes.

Hechizo para pulverizar con pétalos de rosa

Cautiva a tus pretendientes con este hechizo en aerosol. Puedes pulverizártelo sobre la piel o en el aire que te rodea para emitir una energía invitadora que atraerá a la gente hacia ti. También puedes pulverizarlo alrededor de tu altar para amplificar tus intenciones en los hechizos de amor.

CUÁNDO HACER ESTE HECHIZO:
Un lunes o viernes o durante la luna creciente

TIEMPO QUE DEBES DEDICAR AL HECHIZO:
20 minutos

DÓNDE REALIZAR EL HECHIZO:
En la cocina

INGREDIENTES/HERRAMIENTAS:
½ taza de agua destilada o agua del grifo hervida a temperatura ambiente
1 botella de vidrio ámbar de 180 ml con pulverizador
6 gotas de aceite esencial de rosa

1. Limpia el altar o la cocina.

2. Vierte el agua destilada en la botella con pulverizador y añade el aceite esencial de rosa. Agita para mezclarlo.

3. Mientras agitas, impregna la mezcla con tus intenciones de atraer a alguien que te despierte un interés amoroso. Si te sirve de ayuda, puedes sostener la botella entre las dos manos y visualizar cómo tu energía la envuelve y se convierte en parte del líquido.

4. Agita bien antes de usar para asegurarte de que el agua y el aceite están mezclados. Aplícalo cada pocas horas.

Incienso de los deseos

El incienso de los deseos es perfecto para inspirar pasión, deseo sexual o emociones fuertes. Utilízalo en el dormitorio o para potenciar hechizos de amor, como el hechizo de amarre para recuperar el amor de la página 48. Esta mezcla debe quemarse sobre un disco de carbón vegetal.

CUÁNDO HACER ESTE HECHIZO:
Un viernes o durante la luna creciente o llena

TIEMPO QUE DEBES DEDICAR AL HECHIZO:
20 minutos

DÓNDE REALIZAR EL HECHIZO:
En el altar o en la cocina

INGREDIENTES/HERRAMIENTAS:
Un mortero
1 cucharada de jazmín seco
1 cucharada de melisa seca
1 cucharada de pétalos de rosa secos
1 cucharada de damiana seca
1 cucharada de cardamomo seco
Un disco de carbón vegetal
Un plato ignífugo
Encendedor o cerillas
Un tarro pequeño de vidrio

1. Limpia el altar o la cocina.

2. Muele ligeramente el jazmín, la melisa, los pétalos de rosa, la damana y el cardamomo en el mortero. Deben quedar trozos grandes.

3. Mientras mueles las hierbas, céntrate en tus intenciones y permite que tu energía se mezcle con las plantas. El mortero te ayudará a infundir a la mezcla un poco más de energía que si emplearas un molinillo.

4. Coloca las hierbas molidas sobre un disco de carbón vegetal situado en un plato ignífugo y préndelas.

5. Guarda las hierbas molidas que te hayan podido quedar en un tarro de vidrio para emplearlas en un futuro.

Tónico para amantes

Este tónico para amantes es una bebida caliente y especiada que emplea brujería de cocina, hierbas encantadas y un entorno íntimo que te acerque a tu enamorado. Inspira y manifiesta la pasión, la confianza y el amor y elimina la timidez.

CUÁNDO HACER ESTE HECHIZO:
Un viernes, el Día de San Valentín o durante la luna llena

TIEMPO QUE DEBES DEDICAR AL HECHIZO:
30 minutos

DÓNDE REALIZAR EL HECHIZO:
En la cocina

INGREDIENTES/HERRAMIENTAS:
Una botella de vino tinto
1 taza de brandy
Un cazo mediano
1 naranja en rodajas
3 ramas de canela
Una pizca de nuez moscada
Un puñadito de anís estrellado
6 clavos
Entre 2 y 4 cucharadas de azúcar, miel o sirope de arce
2 copas para beber

1. Limpia la cocina.

2. Vierte el vino y el brandy en un cazo mediano y calienta a baja temperatura durante diez minutos. Si quieres que el alcohol se evapore, hierve la mezcla durante diez minutos.

3. Mientras se calienta, bendícela diciendo: «*Saca a la luz, con cada sorbo, la pasión, la confianza y el amor*».

4. Incorpora la naranja, las ramas de canela, la nuez moscada, el anís estrellado, los clavos y el endulzante elegido. Deja hervir lentamente durante quince minutos.

5. Retira del fuego, deja enfriar y bébelo con tu pareja.

Hechizo de trenza para atraer la armonía

¿Tienes la sensación de que tu relación necesita más equilibrio y armonía? ¿Sientes que hay algo en ella que no está alineado? Este hechizo utiliza la magia de tejer para atraer y «trenzar» el equilibrio, la armonía y el amor.

CUÁNDO HACER ESTE HECHIZO:
Un lunes o viernes o durante la luna nueva o menguante

TIEMPO QUE DEBES DEDICAR AL HECHIZO:
30 minutos

DÓNDE REALIZAR EL HECHIZO:
En el altar

INGREDIENTES/HERRAMIENTAS:
3 cristales de cuarzo transparente
3 velas de té grises o blancas
3 trozos de cuerda o hilo de 30 cm de distintos colores
Cuentas de tonos rojos y rosas o de los colores que prefiráis tu pareja y tú

1. Limpia el altar.

2. Coloca sobre él los cristales de cuarzo y las velas de té formando un triángulo.

3. Enciende las velas y céntrate en establecer tus intenciones.

4. Retira los cristales del triángulo y sostenlos en las manos. Practica la visualización hasta que consigas ver la energía que emitís tanto ellos como tú. Utiliza la potencia del cuarzo para que te ayude con este hechizo.

5. Une los tres trozos de cuerda por un extremo con un nudo simple.

6. Trénzalos. Mientras lo haces, piensa en tejer armonía en tu relación.

(CONTINÚA)

Hechizo de trenza para atraer la armonía (CONTINÚA)

7. Ve ensartando cuentas cada dos o tres centímetros en cada una de las cuerdas trenzando amor, equilibrio y armonía. Di:

   «Cuerda de armonía, entrelaza;
   cuerda de equilibrio, teje todo junto;
   trenza de amor, une y conecta».

8. Anuda el extremo de la trenza.

9. Utilízala como pulsera o cuélgala en un espacio que compartáis.

Hechizo de siete días con vela para el amor

¿Necesitas un hechizo de amor o atracción más fuerte? Para este debes reservar quince minutos al día durante siete días para centrar tus intenciones en el amor. La energía se va amplificando un poquito cada día creando un potente hechizo amoroso.

CUÁNDO HACER ESTE HECHIZO:
Durante la luna
  menguante o nueva

TIEMPO QUE DEBES DEDICAR AL HECHIZO:
15 minutos al día durante 7 días

DÓNDE REALIZAR EL HECHIZO:
En el altar

INGREDIENTES/HERRAMIENTAS:
Una vela de pilar roja o blanca
Un athame o un cuchillo para
  grabar (opcional)
Una runa de vinculación
  para amantes (página 54)
  (opcional)
2 cucharadas de aceite
  portador, como el de oliva
  o girasol
2 gotas de aceite esencial
  de geranio
2 gotas de aceite esencial
  de salvia esclarea
2 gotas de aceite esencial
  de naranja dulce
Una botellita de color ámbar
  para guardar la mezcla
  de aceites
Un plato
Un mortero o molinillo
  (a menos que vayas a utilizar
  hierbas pulverizadas)
1 cucharada de melisa
  o hierbaluisa seca
Encendedor o cerillas

1. Limpia el altar.

2. Purifica la vela. Para potenciar el hechizo, utiliza un athame o un cuchillo para grabar tu runa de vinculación para amantes (página 54) o las iniciales de tu pareja en la vela.

(CONTINÚA)

Hechizo de siete días con vela para el amor (CONTINÚA)

3. Mezcla en la botella el aceite portador con los aceites esenciales de geranio, salvia esclarea y naranja dulce. Mientras lo haces, céntrate en elevar la energía para este hechizo.

4. Coloca la vela sobre el plato y úngela con la mezcla de aceites frotándola con las manos y recubriéndola bien, empezando por arriba y bajando hasta la base. Dirige tu energía para atraer el amor a tu vida.

5. Si lo necesitas, muele la melisa o la hierbaluisa seca con el mortero o el molinillo. Espolvorea sobre toda la vela. Si lo deseas, puedes guardar un poco de esta mezcla para espolvorearla durante el hechizo.

6. Enciende la vela, cierra los ojos y medita durante quince minutos centrándote en tus intenciones. Mientras lo haces, di:
   «Cera de devoción, imparte tu fuerza;
   fuego de pasión, concede tu poder;
   hierbas de emoción, brindad vuestra potencia;
   humo de atracción, concede tu energía».

7. Repite todos los días durante siete días.

Amuleto contra el afecto no deseado

¿Has atraído una atención no deseada? ¿Tienes admiradores a los que preferirías no ver? Este hechizo combina un amuleto de protección con un hechizo de invisibilidad para enmascarar tu energía y desviar ese interés que no has invitado. Ponte este amuleto siempre que estés en presencia de un pretendiente no deseado.

CUÁNDO HACER ESTE HECHIZO:
Un sábado o durante
  la luna oscura

TIEMPO QUE DEBES DEDICAR AL HECHIZO:
20 minutos

DÓNDE REALIZAR EL HECHIZO:
En el altar

INGREDIENTES/HERRAMIENTAS:
1 taza de sal marina o sal negra
5 gotas de aceite esencial de
  citronela
Una vela votiva o de té gris
Un espejo pequeño
Encendedor o cerillas
1 cucharadita de pimienta negra
Un cristal de cuarzo ahumado

1. Limpia el altar.

2. Crea un pequeño círculo con la sal para simbolizar la protección de tu altar mientras te centras en energías protectoras.

3. Pon cinco gotas de aceite esencial de citronela en la parte superior de la vela, pero sin que entre en contacto con la mecha.

4. Coloca el espejo de espaldas a ti para repeler toda la energía no deseada. Déjalo en esa posición durante todo el hechizo.

5. Enciende la vela y espolvorea la pimienta negra sobre la llama. Di:
   «Protégeme del afecto, llama en ignición;
   pimienta negra molida, guárdame de la atención».

6. Coge el cristal de cuarzo ahumado con las manos. Di:
   «Cuarzo reluciente, cobíjame con protección».

(CONTINÚA)

Amuleto contra el afecto no deseado (CONTINÚA)

7. Cierra los ojos y expulsa tu energía hacia el cuarzo ahumado. Deberás empezar a notarlo caliente.

8. Retira los artículos de tu altar y tira la vela. Tu cuarzo ahumado ha quedado cargado. Llévalo contigo para que te proteja frente a la atención no deseada.

9. Recárgalo cada pocos meses.

Red de cristales para el amor

Las redes utilizan cristales cargados que se colocan formando un patrón geométrico para amplificar su poder. Esta en concreto está hecha con cuarzo transparente, pero puedes emplear cualquier cristal que posea propiedades relacionadas con el amor, como el cuarzo rosa, la turmalina rosa, la piedra de luna o la aventurina.

CUÁNDO HACER ESTE HECHIZO:
Un viernes o durante
la luna llena

DÓNDE REALIZAR EL HECHIZO:
En el altar o al aire libre
bajo la luz de la luna

TIEMPO QUE DEBES DEDICAR AL HECHIZO:
30 minutos

INGREDIENTES/HERRAMIENTAS:
Papel y bolígrafo
Entre 4 y 8 cristales de cuarzo
transparente
Una varita o un athame

1. Limpia el altar o el espacio al aire libre.

2. Dibuja con el papel y el bolígrafo una forma de red que te parezca apropiada. Para las redes de cristales de amor, prueba a usar dos símbolos que se solapen para representarte a ti y a una posible pareja. No coloques todavía los cristales en la red. Lo harás en el paso 4.

3. Sostén los cristales en las manos y visualiza cómo tu energía y tus intenciones se mezclan con ellos. Di una afirmación que elijas, como: *«Cargo estos cristales para atraer a mi vida a una pareja amorosa»*.

4. Recrea con ellos la red que diseñaste en el paso 2. Empieza con uno en el centro y ve trabajando hacia afuera.

5. Utiliza la varita o el athame para activar la red. Dirige tu energía para unir los cristales. Di: *«Uno esta red para atraer una relación auténtica a mi vida»*.

(CONTINÚA)

Red de cristales para el amor (CONTINÚA)

6. Relaja tu postura y medita sobre tus intenciones durante diez minutos.

7. Deja colocada la red todo el tiempo que quieras que esté activa. Cada pocos días, vuelve a unir de nuevo los cristales y expresa tus intenciones en voz alta.

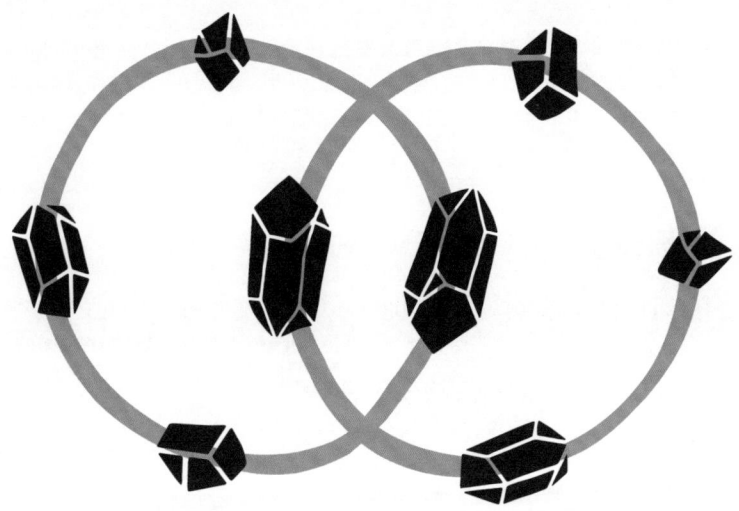

Hechizo embotellado para invitar al romance

Los hechizos embotellados son estupendos a largo plazo para atraer o repeler todo tipo de energías. Este en concreto se ha creado para atraer más romance a tu vida. Puedes sustituir por cuarzo transparente cualquiera de los cristales de este hechizo o todos ellos.

CUÁNDO HACER ESTE HECHIZO:
Un viernes o durante
la luna nueva

TIEMPO QUE DEBES DEDICAR AL HECHIZO:
30 minutos, más entre 3 y 4
horas para la quema

DÓNDE REALIZAR EL HECHIZO:
En el altar

INGREDIENTES/HERRAMIENTAS:
Papel y bolígrafo
Un tarro de vidrio pequeño o
mediano con tapa
1 cucharada de pétalos
de rosa secos
1 cucharada de ralladura
de naranja seca
1 cucharada de albahaca
seca
1 esmeralda
1 granate
1 cristal de cuarzo rosa
Una foto de la persona que te
interesa (opcional)
Encendedor o cerillas
Una vela cilíndrica o cónica
roja o rosa de 10 cm

1. Limpia el altar.

2. Dedica entre cinco y diez minutos a escribir una descripción de tu pareja ideal o una carta de amor a ti misma.

3. Introduce la nota en el tarro de vidrio y céntrate en tus intenciones de invitar al romance a tu vida.

4. Añade los pétalos de rosa, la ralladura de naranja y la albahaca. A continuación, incorpora la esmeralda, el granate y el cuarzo rosa junto con una foto de la persona que te interesa, si así lo deseas. Tapa el tarro.

(CONTINÚA)

Hechizo embotellado para invitar al romance (CONTINÚA)

5. Enciende la vela y, sosteniéndola en horizontal, deja que vaya goteando la cera sobre la tapa del tarro hasta que haya suficiente como para sostener la vela derecha. Pega la vela, todavía encendida, en la cera de la tapa y fíjala bien. Deja que se seque la cera que la rodea para que pueda sostenerse por sí misma.

6. Mientras arde, céntrate en la videncia mediante el fuego (consulta la página 39) con la llama de la vela y medita sobre tus intenciones. Pueden llegarte formas, mensajes o imágenes.

7. Deja que la vela se consuma sellando así tus intenciones en la botella hechizada.

Muñequitas para las relaciones

Las muñequitas son una forma divertida de ser creativa con tus hechizos. Para este hechizo debes hacer un conjunto de dos muñequitas que os representen a tu pareja ideal y a ti. Deposítalas en el altar o átalas juntas con un lazo y guárdalas en una caja.

CUÁNDO HACER ESTE HECHIZO:
Un viernes o durante
 la luna nueva

**TIEMPO QUE DEBES DEDICAR
AL HECHIZO:**
30 minutos

DÓNDE REALIZAR EL HECHIZO:
En el altar

INGREDIENTES/HERRAMIENTAS:
4 trozos cuadrados de tela roja
 (o de un color que te represente),
 2 para cada muñequita

Aguja de coser
Hilo rojo
Fibra de poliéster o bolas
 de algodón para rellenarlas
Un lápiz
Unas tijeras
1 cucharadita de flores
 de hibisco secas
1 cucharadita de pétalos
 de rosa secos
1 cucharadita de flores
 de jazmín secas
1 cucharadita de corteza
 de sauce seca

1. Limpia el altar.

2. Purifica la tela, la aguja, el hilo y el relleno.

3. Dibuja el contorno de la parte delantera y la trasera de la primera muñeca en dos de los trozos de tela y recórtalos con las tijeras.

4. Coloca las dos piezas juntas con el revés de la tela hacia afuera. Cose los bordes para formar una muñequita. Deja unos centímetros sin coser y dale la vuelta para esconder las costuras.

5. Repite los pasos 3 y 4 para crear una segunda muñeca que represente a tu pareja. Si quieres, puedes hacerla más grande o más pequeña para representar una figura masculina o femenina.

(CONTINÚA)

Muñequitas para las relaciones (CONTINÚA)

6. Rellena las dos muñequitas con la fibra de poliéster y las flores de hibisco, los pétalos de rosa, las flores de jazmín y la corteza de sauce. Ve cargando cada uno de los ingredientes a medida que los vayas añadiendo.

7. Cierra la abertura de ambas muñecas. Impregna las figuras terminadas con intención.

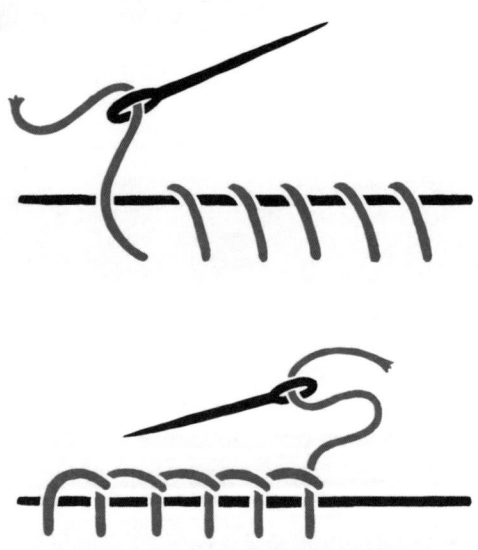

Videncia para el amor

Hacer una videncia para el amor te permitirá conectar con tu mente inconsciente y ver imágenes de posibles parejas, relaciones o mensajes importantes. Una vela morada puede potenciar tus habilidades psíquicas y tus dotes de videncia, mientras que una roja ayuda a manifestar el amor.

CUÁNDO HACER ESTE HECHIZO:
Durante la luna oscura o nueva

TIEMPO QUE DEBES DEDICAR AL HECHIZO:
20 minutos

DÓNDE REALIZAR EL HECHIZO:
En el altar

INGREDIENTES/HERRAMIENTAS:
Encendedor o cerillas
Una vela morada
Una vela roja
Un cuenco oscuro
1 taza de agua cargada bajo la luna llena (consulta la página 38)
Papel y bolígrafo
Una varita o un athame

1. Limpia el altar.

2. Enciende la vela morada y la roja y céntrate en tus intenciones de videncia para el amor.

3. Con paciencia, permítete alcanzar un estado centrado similar al trance.

4. Abre los ojos y contempla el cuenco de agua cargada permitiendo que llene tu mente cualquier mensaje o imagen que pueda llegar. Continúa sosteniendo tus intenciones mientras contemplas.

5. Busca colores y formas o escucha los mensajes que te lleguen. Toma nota de lo que ves con el papel y el bolígrafo.

6. Da un golpecito en el agua con la varita o el athame para generar ondas que te puedan permitir crear formas que ayudarán a estimular las imágenes o visiones.

7. Date tiempo para ver imágenes. Cuanto más practiques, mejor lo harás.

Hechizo de espejo para combatir los celos

Los celos pueden ser una emoción destructiva. Un espejo es la herramienta perfecta para desviarlos, al menos a corto plazo. Este hechizo emplea un espejo y una muñequita para desviar las emociones negativas que se crucen en tu camino.

CUÁNDO HACER ESTE HECHIZO:
Durante la luna oscura

TIEMPO QUE DEBES DEDICAR AL HECHIZO:
30 minutos

DÓNDE REALIZAR EL HECHIZO:
En el altar

INGREDIENTES/HERRAMIENTAS:
2 trozos cuadrados de tela de un color que te represente
Aguja de coser
Hilo de un color que te represente
Un espejo
Una pequeña fotografía tuya
Una cajita en la que guardar tu muñequita y tu espejo
Un lápiz
Unas tijeras
Fibra de poliéster o bolas de algodón para rellenar
1 cucharadita de sal marina o negra
1 cucharadita de pimienta negra
Una hoja de laurel
1 cucharadita de jengibre seco

1. Limpia tu altar.

2. Purifica la tela, la aguja, el hilo, el espejo, la fotografía y la caja.

3. Dibuja el contorno de las partes delantera y trasera de tu muñequita sobre los dos trozos de tela y recórtalos con las tijeras.

4. Coloca los dos trozos de tela juntos con el revés hacia afuera y cose los bordes para hacer una muñeca. Deja unos centímetros abiertos y dale la vuelta para ocultar las costuras.

5. Rellena la muñequita con la fibra de poliéster, la sal, la pimienta negra, la hoja de laurel, el jengibre y la fotografía.

6. Cose la abertura. Impregna la muñequita terminada con intención.

7. Introduce la muñeca y el espejo en la caja y di:

«*Con este espejo, desvío y refracto*
emociones no deseadas de celos.
Con esta muñequita absorbo y atraigo
sentimientos no deseados que me perjudiquen».

8. Guarda la muñeca y el espejo ocultos en la caja, pero mantenla cerca de ti.

CAPÍTULO
4

ASUNTOS
MONETARIOS
Y
DE
PROSPERIDAD

Los hechizos de dinero y prosperidad son muy populares hoy en día. Los de esta sección no te van a hacer rica de la noche a la mañana, pero te ayudarán a cambiar tu mentalidad acerca del dinero, a superar los obstáculos relacionados con las finanzas y a invitar a que entren en tu vida la riqueza y la prosperidad.

Polvos del dinero

Estos polvos son estupendos para mejorar cualquier tipo de situación financiera. Espolvoréalos a tu alrededor en casa, en el trabajo o sobre tus cupones de lotería para atraer la llegada de más dinero. También puedes quemarlos en un disco de carbón vegetal sobre un plato ignífugo para aumentar el poder de otros hechizos relacionados con la prosperidad y el dinero.

CUÁNDO HACER ESTE HECHIZO:
Un jueves o durante la luna creciente

TIEMPO QUE DEBES DEDICAR AL HECHIZO:
15 minutos

DÓNDE REALIZAR EL HECHIZO:
En el altar o en la cocina

INGREDIENTES/HERRAMIENTAS:
Un mortero o un molinillo
1 cucharada de manzanilla seca
1 cucharada de canela
1 cucharada de clavo seco
1 cucharada de perejil seco
Un embudo
Un vial de vidrio o un tarro con tapa

1. Limpia tu altar o la cocina.

2. Muele con el mortero la manzanilla, la canela, los clavos y el perejil estableciendo una intención concreta de atraer dinero a tu vida.

3. Al moler la mezcla hasta pulverizarla, di lo siguiente cuatro veces: «*Riquezas crecientes, fondos que brotan*».

4. Utilizando el embudo, vierte las hierbas pulverizadas en un vial de vidrio.

5. Los polvos están cargados y listos para utilizarse.

Sello de riquezas

Crear un sello personalizado para el dinero puede ayudarte a atraer riqueza y abundancia. Para realizar este hechizo tan sencillo, lo único que necesitas es tu imaginación, tu intención y algo con lo que escribir. Un bolígrafo verde hará que resulte más potente.

CUÁNDO HACER ESTE HECHIZO:
Un domingo, un jueves
o durante la luna creciente
o nueva

TIEMPO QUE DEBES DEDICAR AL HECHIZO:
10 minutos

DÓNDE REALIZAR EL HECHIZO:
En el altar

INGREDIENTES/HERRAMIENTAS:
Un bolígrafo verde
2 hojas de papel

1. Limpia tu altar.

   Con el bolígrafo verde, escribe la frase «*Tráeme riquezas*» en la primera hoja de papel. Céntrate en tus intenciones.

2. Deconstruye las letras de la frase en trazos básicos como curvas, puntos, rayas y líneas y dibújalos en el mismo papel debajo de la frase.

3. En la misma hoja, combina los trazos para formar una figura. Puede ser un cuadrado, un corazón, una cruz o un triángulo. El resto de los círculos, arcos y rayas que te hayan quedado colócalos a lo largo de las líneas y alrededor de la figura. Este es tu sello del dinero.

4. Vuelve a dibujarlo, ahora codificado con tus intenciones, en la segunda hoja de papel y llévalo contigo.

Aceite para hacer crecer el dinero

¿Te gustaría poder multiplicar tu dinero? Puedes frotarte esta mezcla de aceites sobre la piel para permanecer centrada y así mejorar tu economía. Si tienes la piel sensible, acuérdate de hacer una prueba primero en una zona pequeña. También puedes ungir tus velas y herramientas con este aceite para potenciar el poder de otros hechizos relacionados con el dinero.

CUÁNDO HACER ESTE HECHIZO:
Un jueves o durante la luna creciente

TIEMPO QUE DEBES DEDICAR AL HECHIZO:
15 minutos

DÓNDE REALIZAR EL HECHIZO:
En el altar

INGREDIENTES/HERRAMIENTAS:
Una pequeña botella de vidrio ámbar con aplicador o cuentagotas

2 cucharadas de aceite portador, como el de almendras o jojoba
2 gotas de aceite esencial de jengibre
2 gotas de aceite esencial de sándalo
1 gota de aceite esencial de bergamota
1 gota de aceite esencial de pachuli
1 hoja de laurel
1 cucharada de canela

1. Limpia tu altar.

2. Vierte el aceite portador en la botella de vidrio ámbar.

3. Añade, de uno en uno, los aceites esenciales de jengibre, sándalo, bergamota y pachuli. Al incorporar cada uno de ellos, entona esta frase: «*Dinero, crece y multiplícate*».

4. Agrega la hoja de laurel y la canela.

5. Sostén la botella entre tus manos y visualiza cómo se envuelve de energía. Cárgala con tus intenciones.

6. Agítala suavemente para asegurarte de que todos los elementos están combinados. Puedes emplear el aceite sobre tu piel, en amuletos o en otros objetos.

Hechizo para hacer crecer la riqueza

En este hechizo utilizaremos el aceite para hacer crecer el dinero (página 78) y una planta de menta, que puedes comprar en cualquier tienda en la que vendan hierbas. La menta es muy útil para atraer el dinero y tiene usos variados. Para cualquier bruja, constituye una inversión muy valiosa.

CUÁNDO HACER ESTE HECHIZO:
Durante la luna nueva

TIEMPO QUE DEBES DEDICAR AL HECHIZO:
15 minutos

DÓNDE REALIZAR EL HECHIZO:
En el altar o en la cocina

INGREDIENTES/HERRAMIENTAS:
Una planta de menta
4 objetos que representen cada uno de los cuatro elementos (p. ej., un cuenco de agua, un poco de tierra, una vela y una escoba de bruja)
Una moneda o un amuleto relacionado con el dinero
Aceite para hacer crecer el dinero (página 78)

1. Limpia tu altar o la cocina.

2. Coloca tu nueva planta de menta sobre el altar y dedica un tiempo a consagrarla. Para ello, pásala por los cuatro elementos o pide a estos que te asistan en la consagración. Ambos métodos utilizan tu deseo de purificar, cargar y bendecir. Puedes expresarte con palabras o pensar en silencio en tus objetivos.

3. Cuando hayas terminado, unge la moneda o el amuleto con el aceite para hacer crecer el dinero. De esa manera, lo estarás cargando para poder utilizarlo. Colócalo cerca de la base de la planta de menta.

4. Cierra los ojos y medita sobre tu intención de que la planta crezca y atraiga dinero.

5. Puedes coger las hojas ungidas de menta y llevarlas como amuleto o emplearlas en otros hechizos relacionados con el dinero.

Hechizo de amarre para el dinero

Este hechizo de amarre conserva y fija tu intención de atraer dinero en cada nudo que hagas. Como incienso, puedes emplear cualquier combinación de hierbas relacionadas con los asuntos monetarios: albahaca, hojas de laurel, manzanilla, canela, clavo, eneldo o jengibre.

CUÁNDO HACER ESTE HECHIZO:
Un jueves o durante la luna llena o creciente

TIEMPO QUE DEBES DEDICAR AL HECHIZO:
30 minutos

DÓNDE REALIZAR EL HECHIZO:
En el altar

INGREDIENTES/HERRAMIENTAS:
Encendedor o cerillas
Polvos del dinero (página 76)
  o una mezcla pulverizada
  de cualquiera de las hierbas
  relacionadas con él
Un disco de carbón vegetal
Un plato ignífugo
3 velas de té verdes
1 trozo de cuerda
  de 30 cm verde, dorada
  o blanca

1. Limpia tu altar.

2. Quema los polvos del dinero en un disco de carbón vegetal sobre un plato ignífugo y coloca las velas de té formando un triángulo.

3. Enciende las velas y céntrate en tu intención de generar más dinero.

4. Haz cinco nudos en la cuerda. Mientras atas cada uno de ellos, di:
   «Con el nudo número uno, el hechizo ha comenzado;
   con el nudo número dos, el hechizo se hará realidad;
   con el nudo número tres, el hechizo escucha mi súplica;
   con el nudo número cuatro, el hechizo crece más;
   con el nudo número cinco, el hechizo está vivo».

5. Deja arder las velas mientras meditas durante quince minutos visualizando lo que quieres manifestar.

Talismán de prosperidad

Este hechizo consagra y carga una joya con tus intenciones de prosperidad y riqueza. Esta versión en concreto utiliza un collar, pero puedes sustituirlo por cualquier otra pieza de joyería, cristal, piedra o colgante que prefieras. Para amplificarlo, utiliza un collar hecho de cristal o madera. Póntelo debajo de la ropa, donde nadie pueda verlo.

CUÁNDO HACER ESTE HECHIZO:
Un domingo o durante
la luna nueva

**TIEMPO QUE DEBES DEDICAR
AL HECHIZO:**
15 minutos

DÓNDE REALIZAR EL HECHIZO:
En el altar

INGREDIENTES/HERRAMIENTAS:
Un collar
Una pizca de menta seca
Una vela votiva o de pilar
blanca o verde
Encendedor o cerillas

1. Limpia tu altar.

2. Purifica el collar.

3. Espolvorea la menta seca por encima de la vela.

4. Enciende la vela y céntrate en visualizar sus propiedades monetarias.

5. Pasa el collar por el humo y di:
   «Collar que cargo de prosperidad,
   atrae a mí la riqueza
   y sírveme con sinceridad
   mientras te llevo puesto con secreta cautela».

6. Deja que una parte de tu poder impregne el objeto y lo cargue.

7. Puedes utilizar la misma vela para repetir el hechizo cada pocos meses.

Hechizo para disipar las penalidades

Con este hechizo puedes repeler una situación de la que quieras salir. En él se utiliza el elemento fuego para disipar las penalidades que escribirás en una hoja de papel. Puedes hacerlo en una hoguera al aire libre o en casa con un cuenco ignífugo.

CUÁNDO HACER ESTE HECHIZO:
Durante la luna menguante

TIEMPO QUE DEBES DEDICAR AL HECHIZO:
20 minutos

DÓNDE REALIZAR EL HECHIZO:
En el altar o en una hoguera al aire libre

INGREDIENTES/HERRAMIENTAS:
Papel y bolígrafo
Encendedor o cerillas
Un cuenco ignífugo, si vas a hacerlo dentro de casa, en el altar
Una hoguera, si vas a hacerlo al aire libre

1. Limpia tu altar o la zona de la hoguera al aire libre.

2. Medita durante diez minutos sobre tus intenciones de disipar las penalidades.

3. Escribe con el bolígrafo y el papel lo que estás disipando. Sé todo lo concreta que puedas.

4. Prende la hoja de papel y colócala en tu cuenco ignífugo. Si estás haciendo el hechizo al aire libre, echa el papel a la hoguera.

5. Observa cómo se quema y visualiza que tus penalidades arden con él.

6. Esparce las cenizas en la tierra al aire libre. Despídete y céntrate en seguir adelante.

Hechizo de agua de luna para los ingresos

Aumenta tus ingresos con un hechizo de agua de luna. La luna llena es una fuente de energía muy potente, lo que hace que esta agua sea muy fuerte. Emplear citrino en este hechizo puede potenciar su energía para conseguir unos resultados más intensos.

CUÁNDO HACER ESTE HECHIZO:
Durante la luna llena

TIEMPO QUE DEBES DEDICAR AL HECHIZO:
15 minutos

DÓNDE REALIZAR EL HECHIZO:
Al aire libre, a ser posible bajo la luz de la luna

INGREDIENTES/HERRAMIENTAS:
3 monedas
½ taza de agua
Un cuenco pequeño
4 cristales de citrino
Un embudo
Un tarro de vidrio pequeño

1. Limpia tu altar al aire libre.

2. Purifica las monedas para eliminar energías no deseadas o viejas.

3. Vierte el agua en el cuenco y coloca los cristales de citrino formando un rombo a su alrededor.

4. Introduce las monedas purificadas en el cuenco del agua y entona:

   «Carga e impregna, refulgente luna;
   moneda reluciente, la inspiración aúna;
   agua brillante, transfunde oportuna».

5. Deja que los cristales y el agua se carguen por completo. A continuación, transfiere con el embudo el agua al tarro de vidrio.

6. Tus cristales de citrino y tu agua de luna están ya listos. Usa el citrino para crear un talismán de prosperidad (página 81) o como amuleto, y el agua de luna llena cargada para bendecir hechizos relacionados con las plantas, para ofrendas o para baños.

Arroz para manifestar riqueza

Todos necesitamos a veces manifestar un poco más de riqueza en nuestra vida. Este hechizo utiliza arroz por sus atributos relacionados con el dinero y la prosperidad. Sus raíces se hunden en la magia popular.

CUÁNDO HACER ESTE HECHIZO:
Durante la luna nueva
 o creciente

TIEMPO QUE DEBES DEDICAR AL HECHIZO:
15 minutos, más 12 horas
 de secado

DÓNDE REALIZAR EL HECHIZO:
En la cocina

INGREDIENTES/HERRAMIENTAS:
1 taza de arroz jazmín crudo
2 cuencos medianos
1 cucharada de agua de luna
 para los ingresos (página 83)
1 cucharadita de colorante
 alimentario verde
Papel de cocina
¼ de taza de billetes triturados
1 cucharada de canela
Un tarro grande de vidrio
 con tapa

1. Limpia la cocina.

2. Purifica el arroz.

3. En un cuenco mediano, mezcla muy bien el arroz, el agua de luna para los ingresos y el colorante alimentario verde mientras te centras en tus intenciones.

4. Vierte la mezcla sobre unos trozos de papel de cocina. Deja secar durante unas doce horas.

5. En otro cuenco mediano, combina la mezcla verde de arroz ya seca con los billetes triturados y la canela. Vierte en un tarro grande de vidrio y tapa.

6. Espolvorea tu arroz para manifestar riqueza a tu alrededor o lleva un poco contigo como amuleto.

Infusión suntuosa como hechizo de materialización

En épocas de estrés financiero, prepararse una taza de infusión puede ser un ritual muy útil. Con esta, mentolada y hechizada, puedes transportarte a la opulencia. Este hechizo rápido puede emplearse en cualquier momento en que quieras materializar el lujo en tu vida. Lo único que necesitas es un poco de menta y unos utensilios de cocina comunes.

CUÁNDO HACER ESTE HECHIZO:
Un domingo o durante
 la luna nueva

**TIEMPO QUE DEBES DEDICAR
AL HECHIZO:**
15 minutos

DÓNDE REALIZAR EL HECHIZO:
En la cocina

INGREDIENTES/HERRAMIENTAS:
Un cazo pequeño
1 taza de agua
1 cucharada de menta seca
 o 2 cucharadas
 de menta fresca
Una gasa o un colador
Una taza para beber

1. Limpia la cocina.

2. Hierve el agua en un cazo pequeño mientras estableces tus intenciones.

3. Retira el cazo del fuego.

4. Si vas a utilizar menta fresca, coge las hojas con las manos y dales unos golpecitos para reavivar su aroma. Introduce la menta en el cazo y deja reposar durante diez minutos mientras meditas sobre tus intenciones.

5. Cuela la infusión en una taza. Mueve la mano en la dirección de las agujas del reloj y di:
   «Para obtener lo que necesito, esta mezcla elaboro,
   y he llenado esta taza para asegurar lo que imploro».

6. Siente cómo la energía se funde con tu infusión. Bebe y disfruta.

Ritual de baño de leche y miel para el dinero

Para disfrutar de unas finanzas saludables, es necesario comenzar con el esquema mental correcto. Este ritual de baño puede eliminar tus preocupaciones y miedos con respecto al dinero y permitir que arraigue una energía saludable. Realízalo antes de cualquier hechizo relacionado con temas monetarios para reprogramar tus intenciones y tu energía.

CUÁNDO HACER ESTE HECHIZO:
Un domingo, un jueves
o durante la luna nueva

TIEMPO QUE DEBES DEDICAR AL HECHIZO:
45 minutos

DÓNDE REALIZAR EL HECHIZO:
En el cuarto de baño

INGREDIENTES/HERRAMIENTAS:
2 tazas de leche entera
½ taza de miel
Un cuenco grande
Encendedor o cerillas
Una vela de pilar blanca

1. Limpia el cuarto de baño.

2. Llena la bañera con agua templada o caliente.

3. Mientras se está llenando, mezcla la leche y la miel en un cuenco grande centrándote en tu intención de reavivar tus finanzas.

4. Enciende la vela y colócala en un lugar seguro y cercano.

5. Vierte la mezcla de leche y miel en la bañera.

6. Date un baño de treinta minutos. Céntrate en reprogramar tu esquema mental con respecto al dinero. Desecha tus miedos y preocupaciones.

7. Al cabo de treinta minutos, vacía la bañera y apaga la vela.

8. Realiza este ritual tan a menudo como lo necesites.

Pomo de manzana para atraer la fortuna

Las manzanas pueden traer fortuna a tu vida en forma de propiedades, activos, recursos, posesiones y prosperidad. El hechizo de este pomo tarda unas tres semanas en obrar su magia y, cuando está terminado, constituye un potente amuleto mágico.

CUÁNDO HACER ESTE HECHIZO:
Durante la luna nueva

TIEMPO QUE DEBES DEDICAR AL HECHIZO:
20 minutos el primer día y luego 5 minutos cada día durante 3 semanas

DÓNDE REALIZAR EL HECHIZO:
En el altar

INGREDIENTES/HERRAMIENTAS:
Encendedor o cerillas
Una vela verde
Una brocheta de madera o metal
Una manzana verde
20 clavos enteros
1 cucharadita de canela
1 cucharadita de nuez moscada
1 cucharadita de jengibre
1 cucharadita de pimienta de Jamaica
1 cucharadita de raíz de orris (opcional)
Un cuenco pequeño

1. Limpia tu altar.

2. Enciende la vela mientras te centras en tus intenciones.

3. Pincha la manzana con la brocheta asegurándote de que los agujeros sean suficientemente grandes como para que quepan los clavos enteros.

4. Rellena los agujeros con los clavos. Mientras lo haces, pronuncia en voz alta las fortunas que deseas incorporar a tu vida.

5. Mezcla la canela, la nuez moscada, el jengibre, la pimienta de Jamaica y la raíz de orris en un cuenco y colócalo sobre tu altar.

6. Haz rodar la manzana con los clavos en el cuenco de las especias cinco minutos al día durante tres semanas. Mientras lo haces, medita sobre tus intenciones. Las especias permitirán que la manzana se seque (en lugar de marchitarse) y que se impregne de tus intenciones.

7. Mantén el pomo de manzana hechizado en tu altar.

Agua de limpieza para las deudas

Las deudas pueden constituir una carga muy pesada. Esta agua de limpieza es perfecta para aliviar las cargas financieras y permitirte avanzar para así evitar retroceder en tu vida. Puedes emplearla para lavarte las manos o para dibujar sellos invisibles en las ventanas.

CUÁNDO HACER ESTE HECHIZO:
Durante la luna oscura

TIEMPO QUE DEBES DEDICAR AL HECHIZO:
20 minutos

DÓNDE REALIZAR EL HECHIZO:
En el altar o en la cocina

INGREDIENTES/HERRAMIENTAS:
1 taza de agua destilada o de agua del grifo hervida y dejada enfriar a temperatura ambiente
Un embudo
Una botella de vidrio grande de color ámbar
6 gotas de aceite esencial de bergamota
3 gotas de aceite esencial de cedro
3 gotas de aceite esencial de pachuli

1. Limpia tu altar o la cocina.

2. Vierte el agua en la botella de vidrio ámbar y añade los aceites esenciales de bergamota, cedro y pachuli. Agita bien para mezclarlos.

3. Continúa agitando la mezcla mientras la impregnas con tus intenciones de aliviar las deudas. Si te sirve de ayuda, sostén la botella entre tus manos y visualiza que tu energía la envuelve y pasa a formar parte del líquido.

4. Utiliza esta agua antes y después de pagar y de usar tarjetas de crédito, préstamos y facturas. Agita bien antes de cada uso.

Colgante de pared para la prosperidad

Invita a la riqueza a entrar en tu hogar con un colgante de pared para la prosperidad. Esta pieza emplea magia de amarre para sostener y amplificar tus intenciones de atraer e imantar con los elementos de la tierra. Cuélgalo en tu dormitorio, en tu despacho, en el centro de tu hogar o en tu lugar de trabajo.

CUÁNDO HACER ESTE HECHIZO:
Un domingo, un jueves o durante la luna creciente o nueva

TIEMPO QUE DEBES DEDICAR AL HECHIZO:
30 minutos

DÓNDE REALIZAR EL HECHIZO:
En el altar

INGREDIENTES/HERRAMIENTAS:
Una bobina de cordel o hilo verde o dorado
Un palo de 30 cm recogido del campo
Cuentas o amuletos metálicos (opcional)
Tijeras
3 o 4 ramitas frescas de albahaca
3 o 4 ramitas frescas de tomillo

1. Limpia tu altar.

2. Purifica el cordel, el palo y las cuentas.

3. Corta el cordel en al menos treinta trozos que midan entre 30 y 50 centímetros de largo. Átalos al trozo de madera recogido del campo mediante nudos de alondra simples.

4. Mientras vas haciendo cada nudo, di:
   «Uno cada cuerda para atraer y aportar más prosperidad a esta vivienda».

5. Quizá necesites más cuerdas para cubrir por completo el palo de nudos. Deja los extremos vacíos.

(CONTINÚA)

Colgante de pared para la prosperidad (CONTINÚA)

6. Corta un trozo de cuerda de 1,5 veces la longitud del palo y átalo a cada uno de los extremos. Utilízalo para colgar la obra en la pared.

7. Céntrate en tus intenciones y ata la albahaca, el tomillo y las cuentas y amuletos (si vas a utilizarlos) a las cuerdas del colgante.

8. Repite este hechizo cada pocos meses para recargarlo.

Hechizo de tiempo con un sobre de dinero

Este es un hechizo de dinero a largo plazo que actúa ofreciendo una moneda a la tierra y cuidándola para poder recibir riquezas a cambio. Requiere tiempo y dedicación, lo que sienta las bases para una recompensa y un beneficio aún mayores.

CUÁNDO HACER ESTE HECHIZO:
Un domingo durante
la luna creciente o llena
o cerca de esta

TIEMPO QUE DEBES DEDICAR AL HECHIZO:
45 minutos

DÓNDE REALIZAR EL HECHIZO:
En el altar o en una zona
al aire libre

INGREDIENTES/HERRAMIENTAS:
Una moneda pequeña
o un billete
Encendedor o cerillas
Una vela de te o votiva verde
o blanca
Polvos del dinero (página 76) o
aceite para hacer crecer
el dinero (página 78)
Un sobre de papel de semillas
o cualquier otro recipiente
biodegradable (p. ej., un
cartón de huevos) y semillas

1. Limpia tu altar o el espacio al aire libre.

2. Purifica la moneda o el billete.

3. Enciende la vela, céntrate en tus intenciones y eleva la energía para lanzar un hechizo sobre la moneda o el billete.

4. Unge la moneda o el billete con los polvos del dinero o el aceite para hacer crecer el dinero.

5. Introduce la moneda o el billete en un sobre de papel de semillas. Si vas a utilizar un cartón de huevos u otro recipiente biodegradable, coloca en su interior las semillas y la moneda o el billete hechizados. Si quieres ayudar a la magia, puedes germinar las semillas antes de plantarlas.

(CONTINÚA)

Hechizo de tiempo con un sobre de dinero (CONTINÚA)

6. Antes de salir afuera, apaga la vela. A continuación, encuentra un lugar al aire libre en donde plantar tu sobre de dinero.

7. Limpia la zona. Medita sobre tus intenciones durante al menos diez minutos permitiéndote conectar con la tierra.

8. Cuando estés preparada, cava un agujero y planta tu ofrenda mientras dices: «*Ofrezco esta moneda y estas semillas a la tierra a cambio de riquezas mayores*».

9. Cuida tu ofrenda para que crezca.

Hechizo embotellado para el dinero

Este hechizo embotellado es perfecto para invitar a que entre en tu vida más dinero. Es un hechizo a largo plazo que permite que se acumule la riqueza durante un periodo de tiempo prolongado. Para que realice su trabajo, coloca la botella en tu altar o cerca de él o en tu negocio.

CUÁNDO HACER ESTE HECHIZO:
Un jueves o durante
   la luna nueva

**TIEMPO QUE DEBES DEDICAR
AL HECHIZO:**
30 minutos, más entre 3 o 4
   horas de tiempo de quema

DÓNDE REALIZAR EL HECHIZO:
En el altar

INGREDIENTES/HERRAMIENTAS:
Bolígrafo y papel
Un tarro de vidrio pequeño
   o mediano con tapa

1 cucharada de manzanilla
1 cucharada de albahaca seca
1 cucharada de jengibre molido
Un cristal de citrino
Una pirita
Un cristal de cuarzo
   transparente
Dinero o amuletos relacionados
   con él (opcional)
Encendedor o cerillas
Una vela cilíndrica de 10 cm
   verde, dorada o blanca

1. Limpia tu altar.

2. Escribe, en una hoja de papel, una carta explicando por qué quieres atraer más dinero.

3. Introduce la carta en el tarro de vidrio y céntrate en tus intenciones de atraer más dinero.

4. Añade la manzanilla, la albahaca, el jengibre, el citrino, la pirita y el cristal de cuarzo transparente. Si lo deseas, incorpora también dinero o un amuleto relacionado con él. Cierra el tarro.

(CONTINÚA)

Hechizo embotellado para el dinero (CONTINÚA)

5. Enciende la vela y sostenla en horizontal para que gotee un poco de cera sobre la tapa del tarro hasta que haya suficiente como para sostener la vela derecha. Coloca la vela sobre la cera de la tapa, todavía encendida, y sujétala bien. Deja que seque la cera alrededor de la vela para que se sostenga sola.

6. Mientras arde la vela, céntrate en la videncia mediante el fuego (consulta la página 39) con la llama y medita sobre tus intenciones. Pueden llegarte formas, mensajes o imágenes.

7. Deja que la vela se consuma sellando tus intenciones en el hechizo embotellado.

Red de cristales para manifestar dinero

Este hechizo para el dinero amplificará tu poder mediante cristales cargados colocados formando un patrón geométrico. Puedes sustituir cualquiera de ellos por cuarzo transparente. Si dispones de muchos, incorpora ojo de tigre y pirita.

CUÁNDO HACER ESTE HECHIZO:
Un jueves o durante la luna creciente

TIEMPO QUE DEBES DEDICAR AL HECHIZO:
30 minutos

DÓNDE REALIZAR EL HECHIZO:
En el altar

INGREDIENTES/HERRAMIENTAS:
Papel y bolígrafo
8 cristales de las siguientes variedades: citrino, cornalina, aventurina o cuarzo transparente
Una varita o un athame

1. Limpia tu altar.

2. Crea, con el papel y el bolígrafo, un dibujo de red que te parezca apropiado. Para manifestar dinero, muchas personas forman una red de tres círculos solapados. No coloques los cristales todavía; lo harás en el paso 4.

3. Sostén los cristales con las manos y visualiza que tu energía y tus intenciones se mezclan con ellos. Di la afirmación que elijas, algo como: «*Cargo estos cristales para manifestar dinero en mi vida*».

4. Recrea con los cristales la red que diseñaste en el paso 2. Colócalos en los puntos donde se entrecrucen las líneas.

5. Utiliza la varita o el athame para activar la red. Dirige tu energía para unir los cristales entre sí. Di: «*Uno esta red para atraer más dinero a mi vida*».

6. Relájate, cierra los ojos y medita sobre tus intenciones durante diez minutos.

7. Deja la red colocada todo el tiempo que desees que esté activa. Cada pocos días, vuelve a unir todos los cristales de nuevo y pronuncia tus intenciones en voz alta.

Jabón de avena para la prosperidad

Un jabón de prosperidad cargado es ideal para utilizarlo a diario en la ducha o en el baño y enviar intenciones de riqueza, dinero y prosperidad. La avena es muy beneficiosa en los hechizos de prosperidad y, como extra añadido, este jabón es hidratante, no contiene sustancias químicas y es bueno para la piel. También es un precioso regalo hechizado.

CUÁNDO HACER ESTE HECHIZO:
Durante la luna nueva

TIEMPO QUE DEBES DEDICAR AL HECHIZO:
Entre 30 y 45 minutos, más 3 o 4 horas para que cuaje

DÓNDE REALIZAR EL HECHIZO:
En la cocina

INGREDIENTES/HERRAMIENTAS:
Un mortero o un molinillo
¾ de taza de avena en copos
Un cuchillo afilado
½ l de base de jabón de glicerina o de leche
Una taza medidora grande resistente al calor
Un cuenco mediano
Una cuchara de madera
1 cucharada de miel
16 gotas de aceite esencial de lavanda
4 gotas de aceite esencial de bergamota
1 cucharada de arcilla francesa verde como colorante natural (opcional)
Molde de silicona para jabón

1. Limpia la cocina.

2. Muele los copos de avena con el mortero hasta obtener un polvo fino mientras te centras en tus intenciones.

3. Corta la base de jabón elegida en trozos grandes e introdúcelos en una taza medidora resistente al calor.

4. Introduce la base de jabón en el microondas en intervalos de treinta segundos hasta que se haya fundido totalmente. No dejes que hierva.

5. En un cuenco mediano, mezcla la avena pulverizada, la miel y los aceites esenciales de lavanda y bergamota. Imprégnalos con tu energía mientras remueves y di:

«Aceites, avena y miel,
uníos para prosperidad brindarme
a través de mi piel».

6. Incorpora la base de jabón fundida. Si lo deseas, añade la arcilla verde para darle un color natural. Puedes personalizar tu jabón y agregarle algunas hierbas (con el tiempo, estas pueden hacer que el jabón amarillee).

7. Vierte la mezcla en el molde de silicona y deja cuajar (entre tres y cuatro horas).

8. Retira los jabones del molde.

Hechizo de nueve días con vela para el dinero

En ocasiones, los hechizos relacionados con el dinero requieren más tiempo para entretejer su magia. Este es un hechizo de vela sencillo que actúa durante un periodo más largo. Dedica quince minutos al día durante nueve días para que su poder vaya creciendo lentamente.

CUÁNDO HACER ESTE HECHIZO:
Durante la luna
menguante o nueva

TIEMPO QUE DEBES DEDICAR AL HECHIZO:
15 minutos al día durante 9 días

DÓNDE REALIZAR EL HECHIZO:
En el altar

INGREDIENTES/HERRAMIENTAS:
Una vela de pilar verde
Una vela de pilar blanca
2 cucharadas de aceite
portador, como el de oliva
6 gotas de aceite esencial
de bergamota
1 cucharada de albahaca
o menta seca
Encendedor o cerillas

1. Limpia tu altar.

2. Purifica las velas.

3. Mezcla el aceite portador con el aceite esencial de bergamota centrándote en tus intenciones de atraer riqueza y abundancia.

4. Coloca las velas sobre el altar a unos veintidós centímetros de distancia entre sí. La blanca te representa a ti, mientras que la verde representa el dinero que estás atrayendo.

5. Unge la vela verde del dinero frotándole la mezcla de aceites con los dedos. Empieza por la parte superior y ve bajando para potenciar la atracción de energía. No dejes que el aceite toque la mecha.

6. Espolvorea la albahaca o la menta sobre la vela verde del dinero para darle poder.

7. Enciende las dos velas y cierra los ojos. Medita durante quince minutos sobre tus intenciones y di:

«Vela del capital, ven a mí:
teje y supervisa,
menta de divisa;
hoy lo deseo, que sea así».

8. Has terminado el trabajo del primer día.

9. Repite este hechizo durante ocho días más acercando cada vez la vela verde un par de centímetros a la blanca y espolvoreándola con albahaca o menta. Al cabo de nueve días, se habrán unido.

TRABAJO
Y
PROFESIÓN

Los hechizos para el trabajo y la profesión pueden aliviar factores de estrés y cargas en el lugar de trabajo o con los compañeros. No te van a proporcionar de la noche a la mañana tu empleo soñado, pero te ayudarán a aumentar tu confianza en ti misma, a buscar la satisfacción y a mejorar tu estado de ánimo. Si vas a acudir a una entrevista, empezar un negocio o te has propuesto ascender en tu puesto de trabajo, sin duda te pueden ayudar.

Saquito para atraer la confianza en ti misma

Este saquito te ayudará a atraer confianza en ti misma cuando te entren las dudas. Todos los cristales y las hierbas empleados en este hechizo poseen propiedades asociadas con la creación de confianza en una misma.

CUÁNDO HACER ESTE HECHIZO:
Un martes, un jueves o un domingo durante la luna creciente o nueva

TIEMPO QUE DEBES DEDICAR AL HECHIZO:
20 minutos

DÓNDE REALIZAR EL HECHIZO:
En el altar

INGREDIENTES/HERRAMIENTAS:
Un mortero o un molinillo
1 cucharada de tomillo seco
1 cucharada de flores de milenrama secas
Un cuadrado de 20 cm de tela naranja
Un hematite
Un granate
Cordel naranja

1. Limpia tu altar.

2. Machaca ligeramente el tomillo y las flores de milenrama con el mortero o el molinillo para liberar su aroma.

3. Coloca las flores machacadas sobre la tela naranja centrándote en tu intención de aumentar tu confianza en ti misma.

4. Carga el hematite y el granate, colócalos sobre la tela y di:
   «Con cada una de estas piedras, elaboro y creo
   un estado próspero de confianza que en mí deseo».

5. Cierra la tela y átala con el cordel para sellar dentro tus intenciones.

6. Tu saquito ya está cargado. Llévalo contigo.

Polvos para limar asperezas

Desactiva un conflicto en el trabajo con estos polvos para limar asperezas. Utiliza piedras tranquilizadoras, sal para eliminar la negatividad y hierbas con propiedades de felicidad y relajación. Puedes llevarlos en un tarro, espolvorearlos alrededor del edificio donde se está produciendo el conflicto o quemarlos en tu altar sobre un disco de carbón vegetal en un plato ignífugo.

CUÁNDO HACER ESTE HECHIZO:
Un viernes o durante
  la luna nueva

TIEMPO QUE DEBES DEDICAR AL HECHIZO:
15 minutos

DÓNDE REALIZAR EL HECHIZO:
En el altar o en la cocina

INGREDIENTES/HERRAMIENTAS:
1 cucharada de lavanda seca
1 cucharada de hipérico
  seco
1 cucharada de ulmaria seca
Un mortero o un molinillo
1 cucharada de sal
  marina o negra
Un embudo
Un tarro de vidrio con tapa

1. Limpia tu altar o la cocina.

2. Introduce la lavanda, el hipérico y la ulmaria en el mortero o en el molinillo centrándote en tus intenciones.

3. Mientras pulverizas las hierbas, entona tres veces:
   «Desactivar, calmar, suavizar y resolver».

4. Espolvorea la sal sobre las hierbas y mezcla bien.

5. Vierte los polvos en el tarro utilizando el embudo.

6. Tus polvos están cargados y listos para ser usados.

Videncia de plenitud

¿Estás intentando alcanzar la plenitud? Esta videncia es una forma estupenda de conectar con tu mente inconsciente y ver imágenes o recibir mensajes. En este hechizo utilizamos agua cargada de luna, una vela para potenciar tus habilidades psíquicas y otra para fomentar la plenitud.

CUÁNDO HACER ESTE HECHIZO:
Durante la luna oscura o nueva

TIEMPO QUE DEBES DEDICAR AL HECHIZO:
25 minutos

DÓNDE REALIZAR EL HECHIZO:
En el altar

INGREDIENTES/HERRAMIENTAS:
Un cuenco oscuro de agua cargada bajo la luna llena (consulta la página 38)
Una vela morada
Una vela votiva o de pilar amarilla
Encendedor o cerillas
Bolígrafo y papel
Una varita o un athame

1. Limpia tu altar.

2. Coloca el cuenco de agua en el centro y pon una vela a su izquierda y la otra a su derecha.

3. Enciéndelas y céntrate en tu intención de emplear la videncia para la plenitud.

4. Medita durante diez minutos. Permítete alcanzar un estado centrado similar al trance.

5. Abre los ojos y contempla el cuenco de agua permitiendo que las imágenes llenen tu mente. Di:
   «Revélame la visión invisible
   así como las posibilidades previsibles».

6. Busca colores, formas o mensajes que te puedan llegar. Toma notas con el papel y el bolígrafo.

7. Da un golpecito en el agua con la varita o el athame para generar ondas que te ayuden a crear formas que estimulen imágenes o visiones. Date tiempo para ver imágenes. Cuanto más practiques, mejor lo harás.

Aceite para soltar

¿Hay algún proyecto que quieras abandonar o un trabajo que necesites dejar? Este hechizo te brindará el empujón que requieres para tomar esas decisiones que tanto asustan. Vas a crear una mezcla de aceites y hierbas impregnada de intención.

CUÁNDO HACER ESTE HECHIZO:
Un martes, un miércoles o un jueves

TIEMPO QUE DEBES DEDICAR AL HECHIZO:
15 minutos

DÓNDE REALIZAR EL HECHIZO:
En el altar

INGREDIENTES/HERRAMIENTAS:
2 cucharadas de aceite portador, como el de almendras o el de oliva
Una botellita de vidrio ámbar pequeña con aplicador o cuentagotas
2 gotas de aceite esencial de romero
2 gotas de aceite esencial de cardamomo
1 gota de aceite esencial de abeto blanco
1 gota de aceite esencial de pícea
1 cucharadita de tomillo seco
1 cucharadita de flores de milenrama secas

1. Limpia tu altar.

2. Vierte el aceite portador en la botellita de vidrio.

3. Añade, de uno en uno, los aceites esenciales de romero, cardamomo, abeto blanco y pícea y di:

   «Desenrédate y espárcete, de nervios manojo,
   estas decisiones importantes tomar escojo».

4. Incorpora el tomillo y las flores de milenrama.

5. Sostén la botella entre tus manos y visualiza cómo la energía la envuelve. Cárgala con tus intenciones.

6. Agita antes de cada uso. Ponte el aceite en los puntos de pulso o empléalo para ungir objetos.

Hechizo de sueños para lograr un ascenso

No te quedes atascada en el mismo trabajo dejando que los ascensos pasen de largo. Utiliza este hechizo de sueños para crear una bolsita especial que colocarás debajo de la almohada y que impulsará tu carrera mientras duermes. Si eres una costurera principiante, te recomiendo que utilices fieltro rígido y una aguja y un hilo de bordar en lugar de las agujas e hilos normales.

CUÁNDO HACER ESTE HECHIZO:
Un jueves, un domingo
o durante la luna nueva o llena

TIEMPO QUE DEBES DEDICAR AL HECHIZO:
15 minutos

DÓNDE REALIZAR EL HECHIZO:
En el altar

INGREDIENTES/HERRAMIENTAS:
Bolígrafo y papel
2 trozos cuadrados de tela
de 12 cm
Aguja de coser
Hilo
Fibra de poliéster o bolas
de algodón para rellenar
1 cucharada de lavanda seca
1 cucharada de romero seco

1. Limpia tu altar.

2. Escribe, con el bolígrafo y el papel, una nota en la que describas lo que deseas en tu trabajo.

3. Junta los trozos de tela con el revés hacia afuera.

4. Cose los bordes de los cuadrados de tela con la aguja y el hilo para crear un saquito. Deja unos centímetros descosidos para poder darle la vuelta y ocultar las costuras.

5. Rellena la bolsita con tu nota, la fibra de poliéster o las bolas de algodón, la lavanda y el romero. Céntrate en tus intenciones.

6. Cose los últimos centímetros para cerrarlo sellando tus intenciones en su interior.

7. Coloca la bolsita debajo de la almohada por la noche. Antes de acostarte, pregúntale: «*¿Qué puedo hacer para conseguir un ascenso?*». La respuesta se te revelará en tus sueños.

Hechizo para fomentar la paz en el trabajo

¿Te están fastidiando las intrigas de tu centro de trabajo? Lanza este sencillo hechizo para amplificar tu intención de conseguir la paz. Lo único que necesitas es un granate, aceite esencial de gardenia y una vela gris. Funciona mejor cuando llevas tu cristal hechizado al trabajo.

CUÁNDO HACER ESTE HECHIZO:
Un domingo o durante
la luna nueva

TIEMPO QUE DEBES DEDICAR AL HECHIZO:
15 minutos

DÓNDE REALIZAR EL HECHIZO:
En el altar

INGREDIENTES/HERRAMIENTAS:
3 gotas de aceite esencial
de gardenia
Encendedor o cerillas
Una vela votiva o de té gris
Un granate

1. Limpia tu altar.

2. Vierte el aceite esencial sobre la vela gris para ungirla con una energía pacífica. No permitas que entre en contacto con la mecha.

3. Enciende la vela y pasa el granate por el humo de la llama para impregnarlo con las propiedades del aceite y de la vela.

4. Colócalo ante ti y di:
   «Suave paz, te invoco para que encuentres tu camino.
   Entra en mi lugar de trabajo y elimina el desatino».

5. Medita durante diez minutos antes de apagar la vela.

6. Lleva contigo el granate hechizado para fomentar la paz.

Hechizo de comunicación para el trabajo

Lanza este hechizo para estimular una comunicación más fácil entre tus compañeros de trabajo y tú. Vamos a utilizar un espejo, una mezcla de aceites y un cristal para fortalecer tus intenciones. Ponte el aceite en el cuello siempre que desees fomentar una mejora en la comunicación.

CUÁNDO HACER ESTE HECHIZO:
Un miércoles o durante la luna menguante

TIEMPO QUE DEBES DEDICAR AL HECHIZO:
15 minutos

DÓNDE REALIZAR EL HECHIZO:
En el altar

INGREDIENTES/HERRAMIENTAS:
Encendedor o cerillas
Una vela amarilla
2 cucharadas de aceite portador
Una botellita de vidrio ámbar con cuentagotas
2 gotas de aceite esencial de lavanda
2 gotas de aceite esencial de salvia
2 gotas de aceite esencial de menta
Un espejo

1. Limpia tu altar.

2. Enciende la vela amarilla y céntrate en tus intenciones.

3. Vierte el aceite portador en la botellita e incorpora los aceites esenciales de lavanda, salvia y menta.

4. Sostén la botella entre tus manos visualizando cómo tu energía la envuelve y la carga con tu poder. Has creado un aceite de comunicación.

5. Ponte tres gotas en el cuello. Mírate al espejo y di:
   «Mientras me contemplo en el espejo,
   empodera mis palabras para que sean más claras».

6. Repite tantas veces como consideres necesario.

Hechizo de energía

¿Te sientes quemada en el trabajo? Este hechizo potencia y aumenta tu energía para que puedas permanecer centrada y realizar tareas difíciles, tediosas o agotadoras en el trabajo (o en casa).

CUÁNDO HACER ESTE HECHIZO:
Siempre que necesites
un empujoncito

**TIEMPO QUE DEBES DEDICAR
AL HECHIZO:**
20 minutos

DÓNDE REALIZAR EL HECHIZO:
En el altar

INGREDIENTES/HERRAMIENTAS:
Bolígrafo y papel
Unas tijeras
Un cuenco ignífugo
o un caldero
½ cucharada de jengibre seco
½ cucharada de canela
Cerillas
Un tarro pequeño de vidrio

1. Limpia tu altar.

2. Escribe sobre una hoja de papel las tareas que te gustaría cumplir.

3. Cierra los ojos y céntrate en elevar tu energía.

4. Corta la hoja de papel en trocitos diminutos y échalos a un cuenco ignífugo.

5. Espolvorea el jengibre seco y la canela por encima y di:
   «Especias, mis deseos fortaleced y empoderad».

6. Enciende una cerilla, échala al cuenco y di:
   «Energías, hasta que esta llama se extinga, aumentad».

7. Deja que se apague el fuego e introduce las cenizas en un tarro de vidrio. Espolvoréalas a tu alrededor siempre que necesites un empujón de energía.

Hechizo para recordar

¿Tienes que recordar muchas cosas? Utiliza este sencillo hechizo, que se hace en cinco minutos, para que te ayude a retener y rememorar detalles, ideas o tareas importantes del trabajo.

CUÁNDO HACER ESTE HECHIZO:
En cualquier momento

TIEMPO QUE DEBES DEDICAR AL HECHIZO:
5 minutos

DÓNDE REALIZAR EL HECHIZO:
En el trabajo

INGREDIENTES/HERRAMIENTAS:
Un cristal
Un bolígrafo

1. Carga el cristal dejándolo bajo la luz de la luna llena. Si no dispones de tiempo para esperar a esta fase de la luna, cárgalo sosteniéndolo con la mano.

2. Purifica el bolígrafo. Cierra los ojos y visualiza una luz blanca.

3. Sostén el cristal en tu mano izquierda y el bolígrafo en la derecha.

4. Visualiza cómo tu energía late y crece hasta que puedas moverla. Recurre al cristal para que te ayude.

5. Envuelve el bolígrafo con tu energía centrándote en tus intenciones de recordar.

6. Al cabo de unos minutos, percibirás una sensación ardiente que proviene de él. Eso significa que la energía ha sido transferida.

7. Tu bolígrafo está cargado y listo para ser usado siempre que necesites recordar tareas o detalles.

Aceite contra la procrastinación

¿Tienes demasiada tendencia a dejar las cosas para otro momento? Este sencillo aceite contra la procrastinación es perfecto para ti. Puedes ponértelo en los puntos de pulso o en un difusor de aceites o emplearlo para ungir herramientas que te ayuden a potenciar tu atención y protegerte contra la procrastinación en el trabajo.

CUÁNDO HACER ESTE HECHIZO:
Un miércoles o durante la luna creciente

TIEMPO QUE DEBES DEDICAR AL HECHIZO:
15 minutos

DÓNDE REALIZAR EL HECHIZO:
En el altar

INGREDIENTES/HERRAMIENTAS:
2 cucharadas de aceite portador, como el de oliva o el de almendras
Una botellita pequeña de vidrio ámbar con aplicador o cuentagotas
2 gotas de aceite esencial de pomelo
2 gotas de aceite esencial de menta
1 gota de aceite esencial de limón
1 gota de aceite esencial de romero

1. Limpia tu altar.

2. Vierte el aceite portador en la botellita de vidrio ámbar con aplicador.

3. Incorpora, de uno en uno, los aceites esenciales de pomelo, menta, limón y romero. Al añadir cada uno de ellos, di:
   «Ahuyenta los retrasos».

4. Sostén la botella entre tus manos y visualiza cómo se envuelve de energía. Cárgala con tus intenciones.

5. Cuando utilices el aceite, céntrate en acceder a tus intenciones.

Sello de cera para potenciar la creatividad

¿Estás sufriendo un bloqueo en tu creatividad? Este hechizo es ideal para abrir tu imaginación y dejar que florezca. Te ayudará a trabajar en proyectos que exijan un flujo continuo de creatividad. Se emplea una vela naranja porque ese es el color de la creatividad y la energía.

CUÁNDO HACER ESTE HECHIZO:
Durante la luna creciente

TIEMPO QUE DEBES DEDICAR AL HECHIZO:
30 minutos

DÓNDE REALIZAR EL HECHIZO:
En el altar

INGREDIENTES/HERRAMIENTAS:
Un bolígrafo
2 hojas de papel
Un cuchillo o un rotulador
  permanente
Una vela de pilar naranja
1 cucharadita de pimienta negra
1 cucharada de ralladura
  de naranja
Encendedor o cerillas

1. Limpia tu altar.

2. Escribe la palabra «*Creatividad*» en la primera hoja de papel.

3. Deconstruye las letras de la palabra en trazos básicos como curvas, puntos, rayas y líneas y dibújalos debajo de ella. En la misma hoja de papel, combina los trazos para crear una forma. Puede ser un cuadrado, un corazón, una cruz o un triángulo. Coloca los círculos, arcos y rayas que te hayan sobrado a lo largo de las líneas o alrededor de la forma. Este es tu sello de creatividad.

4. Graba o escribe el sello de creatividad en la vela.

5. En la segunda hoja de papel, escribe los proyectos o tareas en los que te gustaría ser más creativa. Coloca el papel debajo de la vela y espolvorea por encima la ralladura de naranja y la pimienta negra machacada.

6. Enciende la vela y permite que la cera se funda y caiga sobre el papel impregnándolo de energía. Dedica al menos diez minutos para meditar y visualizarte abriendo una puerta a tu creatividad. Enciéndela siempre que necesites un empujón de energía.

Muñequita para atraer la oportunidad

Utiliza este hechizo de oportunidad para atraer posibles trabajos, ofertas u oportunidades con la ayuda de una llave y una muñequita. La llave representa las oportunidades, y la muñequita, a ti.

CUÁNDO HACER ESTE HECHIZO:
Un domingo o durante la luna nueva o llena

TIEMPO QUE DEBES DEDICAR AL HECHIZO:
30 minutos

DÓNDE REALIZAR EL HECHIZO:
En el altar

INGREDIENTES/HERRAMIENTAS:
2 cuadrados de tela o fieltro naranja o amarillo
Un amuleto de llave
Hilo naranja o amarillo
Fibra de poliéster o bolas de algodón para rellenar
Un lápiz
Unas tijeras
Una aguja de coser
1 cucharadita de manzanilla seca
1 cucharadita de menta seca
1 cucharadita de verbena seca
Cinta o cordel

1. Limpia tu altar.

2. Purifica la tela, el amuleto, el hilo y el relleno.

3. Dibuja la parte delantera y la trasera de la muñequita sobre la tela y recórtalas con las tijeras.

4. Une las dos piezas de tela con el revés hacia afuera y cóselas por los bordes para formar una muñequita. Deja unos centímetros abiertos y dale la vuelta para esconder las costuras.

5. Rellena la muñequita con la manzanilla, la menta, la verbena y la fibra de poliéster.

6. Cose la abertura de la muñequita para cerrarla sellando tus intenciones en su interior. Impregna la figurita terminada con intención.

(CONTINÚA)

Muñequita para atraer la oportunidad (CONTINÚA)

7. Coloca la llave sobre la muñequita y únelos con una cinta o un cordel. Mientras los atas, di:

   «Uno esta muñequita con esta llave
   para atraer las oportunidades».

8. Mantén la llave unida a la muñequita. De este modo, estarás atrayendo las oportunidades hacia ti.

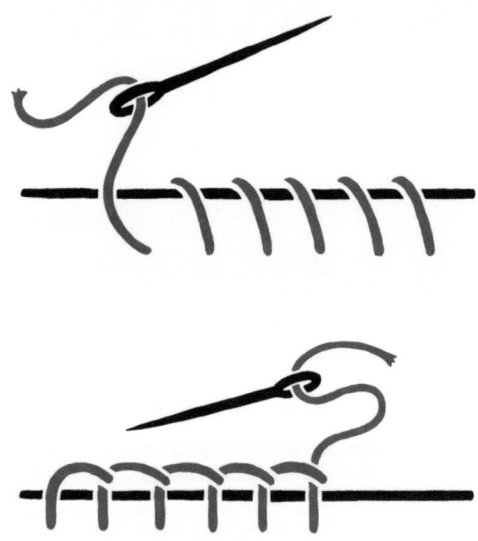

Hechizo para estimular la productividad

En ocasiones, lo único que necesitas para tener éxito es darle un empujoncito a tu productividad. Este hechizo puede ayudarte a equilibrar todos los aspectos de tu vida para permitirte prestar una atención adecuada a tu vida laboral y personal. Cuando tengas demasiadas cosas a las que atender, te ayudará a ordenar el caos.

CUÁNDO HACER ESTE HECHIZO:
Un miércoles o durante la luna menguante

TIEMPO QUE DEBES DEDICAR AL HECHIZO:
15 minutos

DÓNDE REALIZAR EL HECHIZO:
En el altar o en la cocina

INGREDIENTES/HERRAMIENTAS:
Un cuenco pequeño
2 cucharadas de agua, a ser posible cargadas bajo la luna llena (consulta la página 38)
½ cucharadita de colorante alimentario amarillo
Un tarro de vidrio pequeño con tapa
2 cucharadas de sirope de maíz oscuro
2 cucharadas de aceite vegetal

1. Limpia tu altar o la cocina.

2. Purifica tus herramientas e ingredientes.

3. En un cuenco pequeño, mezcla el agua cargada con la luna llena con el colorante alimentario amarillo. Céntrate en impregnar el agua con tu intención de potenciar tu productividad.

4. Vierte el sirope de maíz en el tarro de vidrio centrándote en sentar las bases de tu hechizo.

5. Vierte con cuidado el agua teñida de amarillo en el tarro para crear una segunda capa.

(CONTINÚA)

Hechizo para estimular la productividad (CONTINÚA)

6. Vierte el aceite vegetal sobre el agua para crear una tercera capa y di:
   «*Con este brebaje, transfiero*
   orden al caos que desactivar quiero».

7. Siempre que necesites un impulso de productividad, da vueltas entre tus manos al tarro y céntrate en las cosas que tienes que hacer. Coloca el tarro a tu lado sobre la mesa en la que vas a trabajar. Mientras se van separando las capas, visualiza cómo el caos de tu vida se separa también en capas y se ordena. ¡Acuérdate de limpiarlo antes de cada uso!

Amuleto para causar buena impresión

¿Estás pendiente de una entrevista? ¿Tienes una reunión con tu jefe y quieres causar una buena impresión? Este hechizo te ayudará a crear un efecto positivo en todo aquel con el que estés cuando lleves este amuleto.

CUÁNDO HACER ESTE HECHIZO:
Un domingo o durante
la luna nueva

TIEMPO QUE DEBES DEDICAR AL HECHIZO:
15 minutos

DÓNDE REALIZAR EL HECHIZO:
En el altar o en una hoguera
al aire libre

INGREDIENTES/HERRAMIENTAS:
Un mortero o un molinillo
1 cucharada de pétalos de
rosa secos
1 cucharada de lavanda seca
1 cucharada de melisa seca
1 cucharada de ralladura
de naranja
Un tarro de vidrio pequeño
Un embudo
Un disco de carbón vegetal si
vas a hacerlo dentro de casa
ante tu altar
Un plato ignífugo
Encendedor o cerillas
Un lugar al aire libre donde
encender fuego si vas a
hacerlo ahí
Una joya, como un anillo o
un collar

1. Limpia tu altar.

2. Machaca ligeramente los pétalos de rosa, la lavanda, la melisa y la ralladura de naranja con el mortero. Céntrate en elevar tu energía y en establecer tus intenciones.

3. Vierte la mezcla en un tarro de vidrio con un embudo.

4. Coloca el disco de carbón vegetal sobre un plato ignífugo. Préndelo y espera hasta que esté rojo. Coloca una pizca de tu incienso recién mezclado sobre él y deja que arda. Si vas a realizar este hechizo al aire libre, puedes echar las hierbas a la llama.

5. Pasa la joya elegida por el humo y di:
   «Bendigo este collar para impresionar».

(CONTINÚA)

Amuleto para causar buena impresión (CONTINÚA)

6. Impregna la joya con las cualidades que consideres que crean una buena impresión. Sé todo lo concreta que puedas.

7. Ponte la joya hechizada en las reuniones y entrevistas de trabajo. Repite este hechizo cada pocos meses.

Hechizo para despejar un camino

¿Te sientes atascada o bloqueada? Despejar un camino es ideal para eliminar obstáculos o situaciones estancadas en las que tengas la sensación de que no estás yendo a ningún lado. Utilízalo para dar un empujón a tus ideas, a tu profesión o a tus proyectos. En él se emplea la hierba abrecaminos y está influido por el hoodoo.

CUÁNDO HACER ESTE HECHIZO:
Un domingo o durante la luna menguante

TIEMPO QUE DEBES DEDICAR AL HECHIZO:
30 minutos

DÓNDE REALIZAR EL HECHIZO:
En el baño y en la cocina

INGREDIENTES/HERRAMIENTAS:
Un cazo pequeño
1 taza de agua
Un puñado de hierba abrecaminos o un aceite abrecaminos*
Una gasa o un colador
Una jarra
1 taza de sales de Epsom
Encendedor o cerillas
Una vela de pilar gris
Un cristal de selenita

1. Limpia el baño y la cocina.

2. Pon el agua a hervir en un cazo pequeño.

3. Retira el cazo del fuego, introduce la hierba abrecaminos, déjala en infusión durante 10 minutos y cuela el líquido a una jarra. También puedes comprar un aceite abrecaminos que te permita eliminar este paso.

4. Llena la bañera con agua templada o caliente y añade las sales de Epsom.

---

* Las hierbas y el aceite abrecaminos son unas mezclas de hierbas o aceites esenciales que pueden adquirirse en tiendas de productos esotéricos o por Internet. *(N. de la T.)*

(CONTINÚA)

Hechizo para despejar un camino (CONTINÚA)

5. Mientras se está llenando, enciende la vela y colócala en un lugar seguro y cercano junto con la selenita y el agua abrecaminos.

6. Sumérgete en la bañera durante veinte minutos. Céntrate en todo aquello que quieres abrir y darle un empujón. Cuando el agua abrecaminos se haya enfriado, vierte esta mezcla sobre tu cuerpo para limpiar todos los bloqueos y di:

   «Con este baño, los bloqueos elimino
   mientras despejo mi camino».

7. Al cabo de veinte minutos, vacía la bañera y apaga la vela.

8. Lleva contigo el cristal de selenita para sanar y equilibrar tus energías y para alejar futuros bloqueos y obstáculos.

Hechizo de responsabilidad

¿Necesitas ayuda para soportar la carga de tantas responsabilidades? Este hechizo aliviará una parte del peso que llevas sobre tus hombros. Utiliza la carta del Diez de Bastos del tarot, que representa las responsabilidades, las cargas y el trabajo duro.

CUÁNDO HACER ESTE HECHIZO:
Una hora antes de la puesta de sol

TIEMPO QUE DEBES DEDICAR AL HECHIZO:
30 minutos

DÓNDE REALIZAR EL HECHIZO:
Al aire libre

INGREDIENTES/HERRAMIENTAS:
Una manta de acampada o algo sobre lo que sentarte (opcional)
Sal o una varita
La carta del Diez de Bastos del tarot Rider-Waite (o una imagen impresa de esta carta)
Papel y bolígrafo

1. Busca una zona que puedas emplear como espacio sagrado al aire libre. Límpiala. Si quieres, pon una manta sobre el suelo.

2. Genera un círculo de protección para escudar tu mente mientras meditas. Para ello, dibuja un círculo a tu alrededor con la sal o con la varita. Visualiza una luz blanca que refuerza esta barrera.

3. Siéntate y coloca la carta del Diez de Bastos delante de ti.

4. Contémplala hasta que visualices la escena en tu mente.

5. Cierra los ojos. Permítete entrar en un estado similar al trance y adéntrate en la escena de la carta.

6. Visualiza el personaje. ¿Son necesarios todos los palos que carga? ¿Cómo podrías ayudarlo a llegar hasta su destino? ¿Necesita ayuda? Piensa en las distintas formas en las que podría pedirla o descargar una parte de lo que lleva.

7. Regresa al presente y escribe cómo podrías gestionar o compartir tus propias responsabilidades. Cierra el círculo, limpia tu zona sagrada y reflexiona sobre lo que has observado.

Hechizo embotellado para aumentar la motivación

¿Sufres el bajón de los días laborables? Quizá solo necesites un empujoncito para hacer las cosas. Sigue sintiéndote positiva con este sencillo hechizo embotellado. Para aumentar su energía, utiliza la ceniza cargada del hechizo de energía de la página 109.

CUÁNDO HACER ESTE HECHIZO:
Un miércoles o durante la luna creciente

TIEMPO QUE DEBES DEDICAR AL HECHIZO:
25 minutos, más 2 o 3 horas de quema

DÓNDE REALIZAR EL HECHIZO:
En el altar

INGREDIENTES/HERRAMIENTAS:
1 cucharada de canela
1 cucharada de sal marina
1 cucharada de chile en escamas machacado
1 cucharada de salvia molida
1 cucharada de jengibre molido
1 cucharada de romero seco
1 cucharada de nuez moscada molida
1 cucharada de ceniza del hechizo de energía (página 109; opcional)
Un tarro de vidrio pequeño o mediano con tapa
Un cristal de aventurina
Encendedor o cerillas
Una vela circular pequeña, de 10 cm, o una minivela cónica

1. Limpia tu altar.

2. Céntrate en tus intenciones de crear motivación y energía positiva.

3. Introduce la canela, la sal marina, las escamas de chile, la salvia, el jengibre, el romero, la nuez moscada y la ceniza en el tarro.

4. Carga el cristal de aventurina, incorpóralo al tarro y pon la tapa.

5. Enciende la vela y, sosteniéndola en horizontal, deja que la cera gotee sobre la tapa del tarro.

6. Mientras va cayendo la cera, entona: «*Flor de motivación, prospera y desarróllate*».

7. Deja gotear la cera sobre la tapa hasta que haya suficiente para sostener la vela derecha. Pégala sobre la cera, todavía encendida, y sujétala para que no se caiga. Deja secar la cera para que la vela pueda sostenerse por sí sola.

8. Permite que se consuma la vela sellando tus intenciones en el hechizo embotellado.

9. Mientras arde la vela, medita y piensa en lo que te motiva y en cómo aferrarte a tu motivación.

CAPÍTULO
6

AMIGOS
Y
FAMILIARES

Tu vida en tu hogar y en tu comunidad son importantes para tu salud social, mental y emocional. En este capítulo encontrarás hechizos relacionados con la limpieza, la purificación, la ayuda, el apoyo y la creación de vínculos más fuertes con tus seres queridos. Si practicas de una forma ética, puede resultarte extremadamente gratificante utilizar el trabajo con hechizos para ayudar a tus familiares, amigos y pareja. Antes de realizar cualquier hechizo que implique a otra persona, plantéate tus intenciones. ¿Podría hacer daño a alguien? ¿Interfiere con el libre albedrío del otro? Antes de decidir si lo haces o no, debes contemplar estas posibilidades.

Purificación para un nuevo hogar

Mudarse a un nuevo hogar resulta emocionante, pero puede ponerte en contacto con una energía vieja, estancada o negativa. Es importante, para ti y para todos aquellos con los que vives, que bendigas el espacio. Utiliza este hechizo de purificación para pulsar el botón de reinicio.

CUÁNDO HACER ESTE HECHIZO:
Un sábado o durante
la luna oscura

TIEMPO QUE DEBES DEDICAR AL HECHIZO:
30 minutos

DÓNDE REALIZAR EL HECHIZO:
En todas las habitaciones de la casa nueva

INGREDIENTES/HERRAMIENTAS:
Encendedor o cerillas
Una vara para sahumerios
o incienso
Un cuenco ignífugo
Una escoba de bruja
o una pluma

1. Empieza en una habitación situada en el centro de tu hogar.

2. Prende una vara para sahumerios y colócala en un cuenco ignífugo.

3. Limpia y purifica la habitación recorriéndola en la dirección de las agujas del reloj con el cuenco en las manos. Permite que el humo la llene y utiliza una escoba de bruja o una pluma para esparcirlo. Di: *«Con este humo, limpio este hogar y elimino todo aquello que haya que ahuyentar».*

4. Visualiza cómo las energías viejas y negativas abandonan tu hogar.

5. Repite los pasos 3 y 4 en cada una de las habitaciones de la casa, empezando por el centro de la estancia y avanzando en el sentido de las agujas del reloj.

6. Opcional: guarda la ceniza que haya quedado en el cuenco. Te servirá para hechizos de protección o de disipación.

Saquito «Dulces sueños»

Fabrica este saquito para fomentar un sueño reparador y apacible libre de pesadillas y sueños no deseados para ti, para un amigo o para un ser querido. Este saquito hechizado constituye un precioso regalo que emite una energía apacible y un perfume agradable.

CUÁNDO HACER ESTE HECHIZO:
Un jueves o un sábado

TIEMPO QUE DEBES DEDICAR AL HECHIZO:
15 minutos

DÓNDE REALIZAR EL HECHIZO:
En el altar

INGREDIENTES/HERRAMIENTAS:
Encendedor o cerillas
Una vela votiva azul claro
  o blanca
Un cuadrado de 20 cm de tela
  azul claro o blanca
2 cucharaditas
  de menta gatuna seca
2 cucharaditas
  de manzanilla seca
2 cucharaditas de lavanda seca
2 cucharaditas de agujas
  de cedro secas
Un granate
Cuerda

1. Limpia tu altar.

2. Enciende la vela y visualiza tus intenciones de paz y tranquilidad.

3. Extiende la tela. Coloca sobre ella la menta gatuna, la manzanilla, la lavanda, las agujas de cedro y el granate. Al incorporar cada uno de estos elementos, imprégnalos con tu energía.

4. Cuando hayas terminado, recoge los lados de la tela y átalos con una cuerda para sellar la bolsita. Di:
   «Que los sueños sean dulces y también amables,
   y que tras ellos solo la paz me hable».

5. Duerme con este saquito bajo la almohada para protegerte contra las pesadillas.

Hechizo para eliminar discusiones

¿Te encuentras a menudo inmerso en mitad de una disputa familiar? ¿Te peleas con tu mejor amiga? Con frecuencia, los conflictos son inevitables, pero deben abordarse en lugar de barrerlos. Limpia el aire con la ayuda de un papelito, un fuego e intención.

CUÁNDO HACER ESTE HECHIZO:
Un miércoles o durante
 la luna oscura

**TIEMPO QUE DEBES DEDICAR
AL HECHIZO:**
15 minutos

DÓNDE REALIZAR EL HECHIZO:
En el altar

INGREDIENTES/HERRAMIENTAS:
Encendedor o cerillas
Incienso de positividad
 (página 202)
Bolígrafo y papel
Un cuenco ignífugo

1. Limpia tu altar.

2. Prende el incienso y céntrate en tus intenciones.

3. Coge el bolígrafo y el papel y dedica al menos cinco minutos a detallar la discusión y tu deseo de limpiar el aire de los restos de la disputa.

4. Cuando hayas terminado, pasa tres veces la nota a través del humo hacia adelante y hacia atrás visualizando que la discusión se ha limpiado mientras dices:
   «Paso esta nota a través del humo limpiador,
   y, con cada pasada, voy eliminando esta discusión
   y limpiando el aire de todo agresor».

5. A continuación, rompe la nota en trocitos diminutos e introdúcelos en el cuenco ignífugo. De esta forma, eliminas de tu vida la discusión.

6. Enciende una cerilla y déjala caer en el cuenco para que prenda la nota.

Hechizo de espejo contra la negatividad

¿Has pillado el virus de la negatividad? Escapar de ella resulta casi imposible. Puede provenir de leer las noticias, afrontar los desafíos cotidianos o estar cerca de otras personas a las que les encanta propagarla y quejarse. Este hechizo utiliza un espejo para protegerte y atrapar las energías negativas.

CUÁNDO HACER ESTE HECHIZO:
Un sábado o durante la luna menguante

TIEMPO QUE DEBES DEDICAR AL HECHIZO:
20 minutos

DÓNDE REALIZAR EL HECHIZO:
En el altar

INGREDIENTES/HERRAMIENTAS:
Un espejito
Un cuenco pequeño
4 cucharaditas de sal marina
1 cucharadita de ceniza
1 cucharadita de pimienta negra
1 cucharadita de cayena en polvo
1 cucharadita de canela
Un rotulador permanente

1. Limpia tu altar.

2. Purifica el espejito.

3. Introduce la sal marina, la ceniza, la pimienta negra, la cayena y la canela en un cuenco pequeño para crear una mezcla negra de sal con propiedades protectoras.

4. Abre el espejito por encima del cuenco. Espolvorea sobre él un pellizco de sal negra y di:
   «Espejito de protección,
   protégeme con tu reflejo».

5. Con el rotulador permanente, dibuja, en la parte posterior del espejo, un pentáculo o crea un sello de protección (página 179). Esto atrapará las energías negativas y las mantendrá alejadas de ti.

Hechizo de comprensión

Ponerte en la piel de otra persona te ayudará a entender sus experiencias, sus desafíos y sus procesos mentales. Este hechizo de comprensión creará una conexión temporal con la otra persona y te ayudará a conocerla y a empatizar con ella.

CUÁNDO HACER ESTE HECHIZO:
Un miércoles, un viernes o durante la luna creciente

TIEMPO QUE DEBES DEDICAR AL HECHIZO:
20 minutos

DÓNDE REALIZAR EL HECHIZO:
En el altar

INGREDIENTES/HERRAMIENTAS:
Una fotografía de la persona con la que deseas empatizar
Encendedor o cerillas
Una vela blanca
Una turquesa

1. Limpia tu altar.

2. Purifica la fotografía para eliminar energías viejas o no deseadas.

3. Enciende la vela y colócala al lado de la fotografía.

4. Conecta con la energía de la turquesa para potenciar tu hechizo.

5. Visualiza una luz blanca que rodea a la persona de la fotografía. Crea un vínculo con tu energía y céntrate en tu intención de comprender.

6. Mantén esta conexión durante unos quince minutos o hasta que sientas que es estable y eres capaz de captar y comprender al otro.

7. Cuando hayas terminado, corta la conexión y apaga la vela. El vínculo ha quedado disuelto.

Hechizo para bloquear las malas intenciones

¿Tú o alguien a quien quieres os estáis sintiendo atacados? Utiliza este hechizo para disipar la negatividad que os está llegando. Es una forma estupenda de eliminar la energía negativa o no deseada. Emplea el elemento fuego para quemar y expulsar las malas intenciones.

CUÁNDO HACER ESTE HECHIZO:
Durante la luna menguante

TIEMPO QUE DEBES DEDICAR AL HECHIZO:
20 minutos

DÓNDE REALIZAR EL HECHIZO:
En el altar o al aire libre

INGREDIENTES/HERRAMIENTAS:
Un cuenco ignífugo
Bolígrafo y papel
Una pizca de hipérico seco
Una pizca de sal negra
Cerillas

1. Limpia tu altar o el espacio al aire libre.

2. Escribe tus intenciones en el papel, dóblalo e introdúcelo en el cuenco.

3. Espolvorea el hipérico y la sal negra sobre el papel. Enciende una cerilla y déjala caer sobre el cuenco para prender su contenido.

4. Deja que se queme la mezcla. Espolvorea las cenizas por los umbrales de tu casa para proteger frente a las malas intenciones a todos los que estén en ella.

Hechizo para fortalecer las amistades

¿Te estás apartando de alguna amiga o amigo? Reaviva los lazos para hacer que sean más fuertes que nunca con este hechizo contenido en una minibotella que podrás llevar como un colgante. Te ayudará a mantener un estado mental tranquilo y te apoyará para fortalecer tu amistad.

CUÁNDO HACER ESTE HECHIZO:
Un domingo o durante
la luna nueva

**TIEMPO QUE DEBES DEDICAR
AL HECHIZO:**
20 minutos

DÓNDE REALIZAR EL HECHIZO:
En el altar

INGREDIENTES/HERRAMIENTAS:
Un bolígrafo
Un cuadrado de papel de 2,5 cm
Una minibotella con tapón
de corcho
Entre 6 y 8 capullos
de lavanda secos
1 trocito de lapislázuli
1 trocito de cornalina
Una cadena o cuerda de joyería
de 45 cm

1. Limpia tu altar.

2. Dibuja en el cuadradito de papel un símbolo entrelazado que represente tu vínculo con tu amiga o amigo.

3. Enróllalo e introdúcelo en la botellita para hechizos. Di:

   «*Diseño, con este símbolo, el fuerte vínculo que une a los amigos*».

4. Añade los capullos de lavanda mientras dices:

   «*Lavanda de la verdad, realinea y fortalece los lazos de amistad*».

5. Carga los trocitos de lapislázuli y cornalina e incorpóralos a la botella. Di:

   «*Cristales de calma y valor, forjad los vínculos de la amistad y del amor*».

6. Cierra la botella con el corcho y sella tus intenciones en su interior.

7. Cuélgala en una cadena o cordel y póntela como collar.

8. Opcional: crea otro colgante con una segunda botella hechizada y regálaselo a tu amiga o amigo.

Hechizo con una piedra para que te respeten

¿Tienes la sensación de que no te respetan? Da un giro a la situación con un cristal cargado para obtener respeto mediante un sencillo hechizo de manipulación de la energía. El lapislázuli es una piedra muy interesante para este fin y para fomentar la amistad. Este hechizo utiliza una piedra del tamaño de la palma de la mano para dar un cambio potente a tu estado emocional que estimule la autoestima y aumente tu sensación de valor y confianza.

CUÁNDO HACER ESTE HECHIZO:
Un martes, un domingo
  o durante la luna
  creciente o llena

TIEMPO QUE DEBES DEDICAR AL HECHIZO:
Entre 20 y 25 minutos

DÓNDE REALIZAR EL HECHIZO:
En el altar

INGREDIENTES/HERRAMIENTAS:
2 rosas de color rosa
2 claveles
2 peonías
3 velas de té blancas, rosas
  o amarillas
3 platos ignífugos
Encendedor o cerillas
Una piedra de lapislázuli
  o cuarzo transparente ovalada
  y pulida del tamaño
  de la palma de la mano

1. Limpia tu altar.

2. Purifica tus ingredientes.

3. Retira los pétalos de las rosas, los claveles y las peonías y extiéndelos sobre tu altar.

4. Coloca una vela de té sobre cada uno de los platos ignífugos y disponlos en triángulo sobre el altar. Enciende las velas.

5. Coge la piedra en tus manos, cierra los ojos, percibe su peso y medita sobre tus intenciones durante quince minutos.

6. Mientras meditas, siente cómo la energía de la piedra se mezcla con la tuya y te ayuda a relajarte y centrarte.

Hechizo de amistad de la luna nueva

Cada luna nueva es una oportunidad de probar ideas, lanzar hechizos y establecer nuevos objetivos. Es también un buen momento para atraer nuevas amistades. En este hechizo, escribirás tus intenciones en un papel y utilizarás una vela revestida para manifestarlas.

CUÁNDO HACER ESTE HECHIZO:
Durante la luna nueva

TIEMPO QUE DEBES DEDICAR AL HECHIZO:
20 minutos

DÓNDE REALIZAR EL HECHIZO:
En el altar o al aire libre

INGREDIENTES/HERRAMIENTAS:
Una vela de pilar rosa o blanca
Un plato
1 cucharada de aceite portador, como el de oliva o girasol
1 cucharadita de lavanda seca
1 cucharadita de azúcar
Bolígrafo y papel
Un plato ignífugo
Encendedor o cerillas

1. Limpia tu altar.

2. Coloca la vela sobre un plato. Con el dedo índice, úngela con el aceite portador empezando desde arriba y bajando hasta la base. Ten cuidado de que no entre en contacto con la mecha.

3. Espolvorea la lavanda seca y el azúcar sobre la vela. Céntrate en establecer tus intenciones de atraer la amistad.

4. Escribe en una hoja de papel una lista de las cualidades que deseas en un amigo. Coloca el papel sobre un plato ignífugo y pon la vela encima.

5. Enciende la vela. Dedica entre cinco y diez minutos a meditar sobre tus intenciones y entona:

   «Luna nueva, crea con tu brillar
   nuevas amistades que pueda cultivar».

6. Acuérdate de apagar la vela.

Hechizo de amarre para reparar amistades

¿Tienes la sensación de que una amistad se ha roto? Este hechizo emplea la magia de amarre para construir simbólicamente un puente con un viejo amigo. Recuerda, eso sí, que no puedes obligar a tu amigo (ni a nadie) a cruzar un puente simbólico.

CUÁNDO HACER ESTE HECHIZO:
Un martes, un miércoles o un viernes

TIEMPO QUE DEBES DEDICAR AL HECHIZO:
25 minutos

DÓNDE REALIZAR EL HECHIZO:
En el altar

INGREDIENTES/HERRAMIENTAS:
2 trozos de cuerda de 45 cm y de colores distintos
Unas tijeras
6 campanitas con gancho o lazo (para que puedas tocarlas)
2 velas de té rosas o blancas
Encendedor o cerillas
2 fotografías, una tuya y otra de tu amigo
Cinta adhesiva

1. Limpia tu altar.

2. Pasa las dos cuerdas por la primera campanita y ata un nudo simple para asegurarla. Céntrate en tus intenciones.

3. Repite el paso 2 con el resto de las campanas atando los nudos siempre a la misma distancia unos de otros.

4. Coloca las velas de té una a tu izquierda y otra a tu derecha y enciéndelas.

5. Coloca las dos fotografías una al lado de la otra y únelas con cinta adhesiva.

6. Haz sonar dos veces tu cuerda de campanitas y di:
   «Con estas campanas, el odio deshago,
   con cada tañido, suelto y perdono,
   con esta foto, nos uno a ambos».

7. Después de haber hecho este hechizo, ponte en contacto con tu amigo. Repítelo todos los días. Deja las fotos unidas sobre tu altar hasta que se haya fortalecido vuestro vínculo.

Festín para bendecir vínculos

No hay nada que fortalezca más los vínculos que un festín ritual. Invita a tus seres queridos a tu casa para celebrar un *sabbat*, esbat, luna llena o cualquier festividad. Un festín es un momento estupendo para dar gracias por todo lo que tienes y honrar las relaciones que has construido.

CUÁNDO HACER ESTE HECHIZO:
Durante una luna llena, un *sabbat* o una festividad

TIEMPO QUE DEBES DEDICAR AL HECHIZO:
Entre 2 y 3 horas

DÓNDE REALIZAR EL HECHIZO:
En la cocina o en el comedor

INGREDIENTES/HERRAMIENTAS:
Platos para compartir
Bebidas con las que brindar
Encendedor o cerillas
Velas votivas o de pilar blancas, una para cada invitado
Regalos (opcional)

1. Limpia la cocina o el comedor.

2. Prepara los platos y bebidas preferidos de los asistentes, incluidos los tuyos.

3. Enciende una vela por cada invitado y colócala en su sitio.

4. Mientras esperas a tus huéspedes, di:
   «Esta noche vamos a festejar y a compartir con gratitud.
   Compartiremos amor y risas con todos los invitados.
   Que todo lo que hagamos esta noche sirva para el mayor bien
   de todos los implicados. Que así sea».

5. Da la bienvenida a tus seres queridos. Disfruta celebrando con ellos y deja que las velas ardan impregnando el espacio con tus intenciones de celebrar un festín bendito para fomentar lazos.

6. Una vez terminada la fiesta, apaga las velas y entiérralas en el jardín para conservar los resultados de tu bendición.

Aceite para atraer la popularidad

¿Es tu primer día de clase o en un nuevo trabajo? Alivia tu ansiedad y quítate la presión con un aceite para atraer la popularidad que favorecerá la aceptación, el reconocimiento y la aprobación. Póntelo sobre la piel o empléalo para ungir alguna joya.

CUÁNDO HACER ESTE HECHIZO:
Un lunes, un jueves o durante la luna creciente o llena

TIEMPO QUE DEBES DEDICAR AL HECHIZO:
20 minutos

DÓNDE REALIZAR EL HECHIZO:
En el altar o en la cocina

INGREDIENTES/HERRAMIENTAS:
1 cucharada de aceite portador, como el de jojoba o el de almendras
Una botellita de vidrio ámbar con aplicador o cuentagotas
2 gotas de aceite esencial de jazmín
2 gotas de aceite esencial de rosa
2 gotas de aceite esencial de sándalo
Una pizca de pétalos de rosa secos

1. Limpia tu altar o la cocina.

2. Vierte el aceite portador en la botellita.

3. Incorpora los aceites esenciales de jazmín, rosa y sándalo mientras te centras en tus intenciones.

4. Añade los pétalos de rosa secos.

5. Cierra la botella, sostenla entre tus manos y visualiza cómo la energía la envuelve. Cárgala con tus intenciones.

6. Deja que el tiempo obre su magia y haga más fuerte el aceite.

7. Póntelo sobre la piel para atraer la popularidad.

Hechizo «Torre de confianza»

Establecer confianza entre seres queridos o amigos es algo que requiere tiempo y esfuerzo. No puede crearse en un día y no se manifestará por sí sola. Con este hechizo, vas a construir una torre que actúa en segundo plano para facilitar un poquito esa confianza. Utiliza un cristal activado para enviar al mundo tus intenciones y tu energía.

CUÁNDO HACER ESTE HECHIZO:
Un jueves o durante la luna creciente

TIEMPO QUE DEBES DEDICAR AL HECHIZO:
30 minutos

DÓNDE REALIZAR EL HECHIZO:
Al aire libre

INGREDIENTES/HERRAMIENTAS:
Una sodalita
8 ramitas de una longitud parecida que hayas recogido
Una varita o un athame

1. Busca un lugar plano que puedas utilizar como altar al aire libre. Tu torre permanecerá ahí, por lo que debes asegurarte de que está en un sitio relativamente seguro, como un patio o un balcón.

2. Limpia tu altar al aire libre.

3. Establece tus intenciones. Carga el cristal y colócalo delante de ti.

4. Pon dos palos a ambos lados del cristal, uno a la izquierda y otro a la derecha, y di:
   «Cimientos construidos para sostener».

5. Coloca otros dos palos en horizontal, uno encima y otro debajo del cristal, formando una especie de cuadrado con los palos anteriores. Di:
   «Muros construidos para soportar».

6. Pon otros dos palos en la misma posición que los primeros y di:
   «Lazos construidos para prosperar».

7. Coloca tus dos últimos palos en la misma posición que los del paso 5 y di:
   «Confianza construida para perdurar».

8. Ahora tendrás una torre de palos alrededor de tu cristal. Medita durante diez minutos e impregna tu torre de energía de confianza.

9. Deja la torre en pie todo el tiempo que quieras.

10. Opcional: repite la meditación a diario para conectarte con la torre de confianza.

11. Si la torre se cae, repite el hechizo.

Hechizo para crear un talismán de aceptación

¿Te sientes atrapada en el escobero? ¿Hay alguna otra cosa que te gustaría compartir con tus seres queridos, pero te preocupa recibir un rechazo o una respuesta negativa? Este hechizo te infundirá confianza en ti misma, disipará la ansiedad y mejorará la recepción de tu situación.

CUÁNDO HACER ESTE HECHIZO:
Un lunes o durante
la luna nueva

**TIEMPO QUE DEBES DEDICAR
AL HECHIZO:**
15 minutos

DÓNDE REALIZAR EL HECHIZO:
En el altar

INGREDIENTES/HERRAMIENTAS:
Una joya, como un collar
o un anillo
1 cucharada de aceite portador,
como el de oliva
Una vela naranja de pilar
o votiva
1 cucharadita de tomillo
Encendedor o cerillas

1. Limpia tu altar.

2. Purifica la joya.

3. Con el dedo índice, unge la vela con el aceite empezando por arriba y bajando hasta la base. No dejes que el aceite entre en contacto con la mecha. Di:
   «Con este movimiento, atraigo valor».

4. Ve subiendo el dedo por la vela y di:
   «Con este movimiento, borro la ansiedad».

5. Ve bajando otra vez el dedo por la vela y di:
   «Con este movimiento, potencio la receptividad».

6. Espolvorea tomillo por encima de la vela.

7. Enciéndela y medita durante cinco minutos acerca de todo lo que quieres conseguir y manifestar en tu vida. Establece tus intenciones.

8. Pasa la joya por el calor de la llama impregnándola de las propiedades de tu hechizo. Di:

   «Con este movimiento, impregno de aceptación esta pieza».

9. Tu joya está preparada. Póntela para estimular la aceptación.

Talismán para atraer nuevos amigos

¿Anhelas establecer nuevas amistades? Encontrar amigos puede resultar difícil y, a medida que vas haciéndote mayor, todavía más. En este hechizo vas a trabajar arcilla con las manos para impregnar tu talismán con tus intenciones. De ese modo, aumentarás tu energía para atraer nuevas amistades

CUÁNDO HACER ESTE HECHIZO:
Un domingo o durante la luna nueva

TIEMPO QUE DEBES DEDICAR AL HECHIZO:
25 minutos, más el tiempo de cocción (dependiendo de las instrucciones de uso de tu arcilla polimérica)

DÓNDE REALIZAR EL HECHIZO:
En la cocina

INGREDIENTES/HERRAMIENTAS:
Un cristal de cornalina
Un horno
Una bandeja de horno
Papel para hornear
Un bloque de arcilla polimérica de 2,5 cm (rosa, blanca, amarilla o naranja)
Unas tijeras
Cola para arcilla polimérica (opcional)
Una brocheta
Un cordel o cadena de 45 cm

1. Limpia la cocina.

2. Purifica la cornalina y déjala a un lado.

3. Precalienta el horno siguiendo las instrucciones de uso de tu arcilla polimérica.

4. Recubre una bandeja de horno con papel para hornear.

5. Amasa con las manos la arcilla polimérica hasta que esté blanda. Dale forma de bola y colócala sobre la bandeja de horno.

6. Pon un cuadradito de papel para hornear encima de la bola de arcilla (para no dejar las huellas de los dedos) y aplástala para formar un colgante.

7. Retira el papel para hornear y presiona la cornalina sobre la arcilla. Esta debe cubrir una cuarta parte del cristal. Si quieres que tu colgante tenga un aspecto bruñido, pinta la arcilla con cola para arcilla polimérica.

8. Haz un agujero con la brocheta a unos 6 mm de la parte superior del colgante.

9. Hornea siguiendo las instrucciones de uso de tu arcilla polimérica.

10. Mientras se está cociendo, medita sobre tus intenciones de atraer nuevos amigos.

11. Retira el colgante del horno y, cuando se haya enfriado totalmente, ponlo en un cordel o una cadena. Cuélgatelo del cuello o llévalo contigo.

Hechizo de amarre para la unidad

¿Te sientes incomprendida o malinterpretada? ¿Consideras que los vínculos que te unen a tus familiares o amigos son débiles? Con este hechizo de amarre, en el que crearemos una trenza plana de seis cabos, puedes fortalecer tus conexiones con tus amigos, familiares y otros seres queridos.

CUÁNDO HACER ESTE HECHIZO:
Un miércoles, un viernes, un domingo o durante la luna nueva

TIEMPO QUE DEBES DEDICAR AL HECHIZO:
45 minutos

DÓNDE REALIZAR EL HECHIZO:
En el altar

INGREDIENTES/HERRAMIENTAS:
Encendedor o cerillas
Una vela rosa
4 trozos de cordel de 20 cm
Cuentas de colores (opcional)

1. Limpia tu altar.

2. Enciende la vela y céntrate en tus intenciones de fortalecer los vínculos y las relaciones.

3. Coge tres trozos de cordel, dóblalos por la mitad y haz un lazo en el centro con el cuarto trozo.

4. Sostén tres cuerdas con la mano izquierda y otras tres con la derecha.

5. Teje la de más a la derecha por encima de la que está junto a ella y por debajo de la siguiente. Ponla en tu mano izquierda convirtiéndola en la más interior. Tendrás cuatro cuerdas en la mano izquierda y dos en la derecha.

6. Teje la más exterior de la izquierda por debajo de la que tiene a su lado, por encima de la siguiente y por debajo de la más interior de la izquierda procedente del paso 5. Ponla en tu mano derecha. Tendrás de nuevo tres cuerdas en la izquierda y otras tres en la derecha.

7. Repite los pasos 5 y 6 hasta haber trenzado todas las cuerdas. Puedes ir poniendo cuentas en medio si lo deseas. La trenza terminada deberá tener unos quince centímetros.

8. Haz otro nudo al final sellando tus intenciones de fortalecer las conexiones y fomentar la unidad. Corta los trozos de cuerda que puedan quedar colgando.

9. Medita durante veinte minutos y visualiza lo que deseas manifestar.

10. Mantén tu trenza de unidad cerca de ti durante el tiempo que desees fortalecer vínculos y generar unidad.

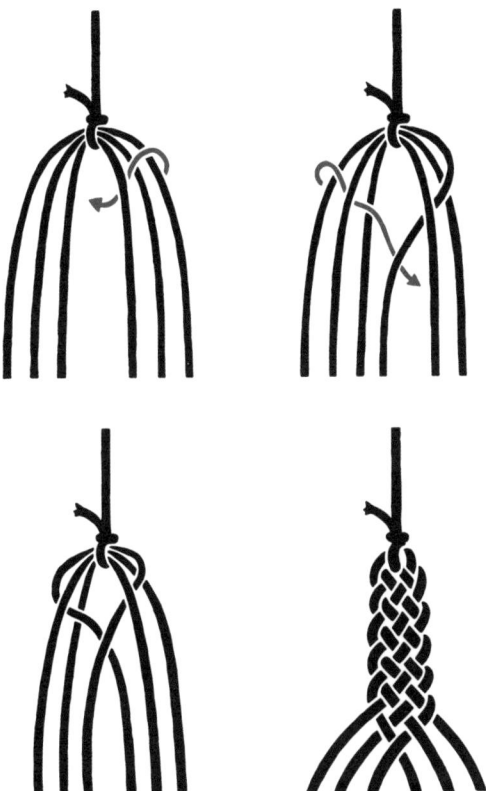

Hechizo para hacer las paces

¿Has tenido una discusión que ha ido a más? ¿Estás preparada para hacer las paces con alguien que te importa? Este hechizo inspirará empatía y perdón entre las partes en disputa. Una nota importante: no puede cambiar la forma de pensar de nadie, solo funcionará cuando ambas partes estén preparadas para seguir avanzando.

CUÁNDO HACER ESTE HECHIZO:
Un martes, un miércoles
o un viernes

TIEMPO QUE DEBES DEDICAR AL HECHIZO:
30 minutos

DÓNDE REALIZAR EL HECHIZO:
En el altar

INGREDIENTES/HERRAMIENTAS:
2 cuadrados de tela para cada
muñequita
Aguja de coser
Hilo
Fibra de poliéster o bolas
de algodón para rellenar
Fotografías de cada una
de las personas implicadas
en la discusión o papeles
con sus nombres escritos
Un lápiz
Unas tijeras
1 cucharadita de lavanda
1 cucharadita de clavo
1 cucharadita de menta gatuna
Encendedor o cerillas
Una vela azul
1 cucharada de miel o un cordel

1. Limpia tu altar.

2. Purifica la tela, la aguja, el hilo y el relleno.

3. Coloca sobre tu altar una fotografía de cada persona participante en la discusión.

4. Dibuja la parte delantera y la trasera de la primera muñequita en dos trozos de tela y recórtalas con las tijeras.

5. Coloca ambas piezas unidas con el revés hacia afuera y cose los bordes para crear una muñequita. Deja unos centímetros sin coser y dale la vuelta a la muñeca para ocultar las costuras.

6. Repite los pasos 4 y 5 para crear una muñequita para cada una de las personas implicadas en la discusión.

7. Rellena las muñecas con fibra de poliéster, lavanda, clavo y menta gatuna.

8. Cose las aberturas de las muñequitas y colócalas sobre tu altar.

9. Enciende la vela y medita durante cinco minutos sobre tus intenciones.

10. Apila las muñequitas una encima de otra pegándolas con miel para endulzar los sentimientos y reparar los conflictos entre las partes. Si no quieres utilizar miel, puedes atarlas con un cordel.

11. Si utilizas miel, guarda sobre tu altar las muñequitas en un recipiente hermético para mantener alejados a los insectos.

12. Mantén las muñequitas unidas hasta que la disputa se haya resuelto.

Hechizo para encontrar un objeto perdido

¿Hay algún espíritu travieso que te están gastando jugarretas? ¿Has perdido algo? Utiliza este hechizo para localizar objetos perdidos. Para realizarlo necesitarás un péndulo, que es una pequeña pesa unida a una cadena o cuerda. Este método de adivinación requiere práctica y concentración. No te preocupes si no te funciona a la primera.

CUÁNDO HACER ESTE HECHIZO:
Un jueves o durante la luna oscura o nueva

TIEMPO QUE DEBES DEDICAR AL HECHIZO:
15 minutos

DÓNDE REALIZAR EL HECHIZO:
En el altar

INGREDIENTES/HERRAMIENTAS:
Alambre
Una cadena metálica o una cuerda
Un cristal de cuarzo transparente
Un cortaalambres
Bolígrafo y papel
Encendedor o cerillas
Una vela marrón

1. Limpia tu altar.

2. Fabrica un péndulo con el alambre, una cadena de metal o una cuerda y un cristal de cuarzo transparente. Envuelve primero el cristal con el alambre apretándolo bien para que no se salga. A continuación, haz una anilla con el extremo del alambre y retuércela. Corta el resto del alambre y pasa la cadena por la anilla. Si ya dispones de un péndulo, puedes utilizarlo.

3. Programa tu péndulo haciéndole preguntas para las que ya conoces las respuestas. Aclara tu mente y sostén el extremo de la cadena entre el índice y el pulgar dejando que el colgante se balancee. Establece los parámetros: una oscilación de este a oeste significa «sí», de norte a sur significa «no» y un círculo, «quizá». Al hacer las preguntas, balancea el péndulo en la dirección de las respuestas.

4. Dibuja un plano sencillo de tu hogar.

5. Enciende la vela.

6. Sostén el péndulo entre tus manos y cárgalo con tus intenciones. Visualiza el objeto perdido.

7. Sostén el péndulo sobre el plano de tu hogar y empieza a hacerle preguntas como: «¿Está el objeto en la cocina?». Repite para cada habitación de la casa. Toma nota de las respuestas que te va dando el péndulo con sus oscilaciones y utilízalas para buscar el objeto perdido.

CAPÍTULO
7

SALUD

Y

SANACIÓN

os hechizos de salud y sanación tienen el propósito de ayudarte a combatir las enfermedades y a recuperar tu energía mental y física. Los que aparecen en esta sección se centran en inspirar un cambio mediante la manipulación de la energía para fomentar la recuperación. No pueden impedir que caigas enferma, pero sí dar un impulso a tu salud y defenderte contra las enfermedades. Deben utilizarse en combinación con prácticas básicas de salud como beber líquidos, comer verduras y dormir lo suficiente. Los hechizos de sanación no son instantáneos, requieren un tiempo para hilarse. Recuerda que debes tener paciencia y no rendirte nunca en lo que respecta a la magia que albergas en tu interior.

Hechizo de siete días con vela para recuperar la salud

¿Sientes que te está atacando un virus o padeces una tos rebelde que se niega a desaparecer? Un hechizo sanador con vela es perfecto para incrementar tu energía curativa y combatir cualquier enfermedad que te esté dejando baldada. Utilizaremos una vela azul para revitalizar y sanar.

CUÁNDO HACER ESTE HECHIZO:
Un miércoles o durante la luna creciente

TIEMPO QUE DEBES DEDICAR AL HECHIZO:
35 minutos el primer día y, a continuación, 10 minutos al día durante seis días

DÓNDE REALIZAR EL HECHIZO:
En el altar

INGREDIENTES/HERRAMIENTAS:
Un cuchillo para grabar
Un sello de salud (opcional)
Una vela de pilar azul
Un plato
Encendedor o cerillas

1. Limpia tu altar.

2. Graba con el cuchillo la palabra «*Salud*» en la vela. También puedes crear un sello de salud. Sigue las instrucciones para el sello de sanación personalizado (página 171) sustituyendo la palabra «*Sanación*» por «*Salud*».

3. Coloca la vela sobre el plato y enciéndela. Medita durante diez minutos sobre tus intenciones de cargarla con propiedades curativas. Di:
   «Envío esta enfermedad a la llama.
   Ya mi salud no más reclama».

4. Apaga la vela.

5. Realiza esta misma meditación una vez al día durante una semana sin olvidarte de encender la vela. Repite las veces que sean necesarias.

Agua de luna llena sanadora

El agua es esencial para vivir, y qué mejor forma de conectar y honrar sus propiedades para sostener la vida que beber una versión cargada mágicamente. Existen muchos métodos para infundir tu agua potable, y en este hechizo vamos a emplear la energía de la luna.

CUÁNDO HACER ESTE HECHIZO:
Durante la luna llena

TIEMPO QUE DEBES DEDICAR AL HECHIZO:
15 minutos más toda la noche para cargarla

DÓNDE REALIZAR EL HECHIZO:
Al aire libre o en una ventana donde dé la luz de la luna

INGREDIENTES/HERRAMIENTAS:
Entre 3 y 5 cristales de cuarzo
Una jarra grande de agua

1. Limpia la zona donde vayas a cargar el agua.

2. Coloca los cristales de cuarzo alrededor de la jarra. Servirán para amplificar la energía de la luna llena.

3. Coge la jarra de agua con la mano y hazla girar mientras dices:
   «Agua de vida, cárgate bajo la fuerza de la luna llena
   y de luz sanadora imprégnate».

4. Deja que el agua y los cristales se carguen durante toda la noche.

5. Al día siguiente, o a lo largo del mes, ve bebiendo el agua.

Hechizo de luz limpiadora

¿Te sientes enferma, deprimida o agotada? Aprovecha la energía del sol para limpiarte del dolor, el sufrimiento o la enfermedad. Este hechizo combina la energía del sol con un amuleto y una vela para arrancar tu recuperación.

CUÁNDO HACER ESTE HECHIZO:
Un miércoles a la salida del sol

TIEMPO QUE DEBES DEDICAR AL HECHIZO:
15 minutos

DÓNDE REALIZAR EL HECHIZO:
Al aire libre

INGREDIENTES/HERRAMIENTAS:
Una vela amarilla
1 cucharada de aceite portador, como el de oliva
1 cucharadita de romero seco
Encendedor o cerillas
Un amuleto o piedra solar y un rotulador permanente

1. Designa un altar al aire libre y límpialo.

2. Unge la vela con el aceite portador moviendo el dedo hacia arriba para hacer desaparecer aquello de lo que te quieres librar. No permitas que el aceite entre en contacto con la mecha.

3. Espolvorea el romero sobre la vela para impregnarla de propiedades de salud y sanación.

4. Enciende la vela y pasa tu amuleto solar por el humo de la llama. Si no dispones de amuleto, dibuja un símbolo del sol en una piedra.

5. Medita y espera a que el sol se eleve sobre tus intenciones para así aprovechar su luz curativa.

Ritual de baño curativo

¿Tienes un catarro que no remite? ¿El estrés te hace enfermar? Un ritual de baño curativo te permitirá reiniciar y brindará a tu cuerpo la oportunidad de sanar. Este hechizo utiliza la energía sanadora de una vela azul y sales de Epsom para relajar tu cuerpo.

CUÁNDO HACER ESTE HECHIZO:
Un miércoles o durante
la luna llena

**TIEMPO QUE DEBES DEDICAR
AL HECHIZO:**
30 minutos

DÓNDE REALIZAR EL HECHIZO:
En el cuarto de baño

INGREDIENTES/HERRAMIENTAS:
1 taza de sales de Epsom
3 gotas de aceite esencial
de eucalipto
3 gotas de aceite esencial
de menta
Encendedor o cerillas
Una vela de pilar azul

1. Limpia el cuarto de baño.

2. Llena la bañera de agua templada o caliente y añade las sales de Epsom y los aceites esenciales de eucalipto y menta.

3. Mientras la bañera se está llenando, enciende la vela y colócala en un lugar seguro y cercano.

4. Sumérgete en la bañera durante veinte minutos. Centra tu energía en las cosas que deseas curar. Siente cómo el agua infundida llena tu cuerpo de energía.

5. Al cabo de veinte minutos, vacía la bañera y apaga la vela.

Hechizo de llama restauradora

¿Te sientes agotada? ¿Te notas mental, física o emocionalmente descentrada? Puedes utilizar este hechizo para quemar tus sensaciones de cansancio, fatiga o agotamiento (o las de un ser querido) utilizando el elemento fuego.

CUÁNDO HACER ESTE HECHIZO:
Un miércoles

TIEMPO QUE DEBES DEDICAR AL HECHIZO:
15 minutos al día durante la duración del hechizo

DÓNDE REALIZAR EL HECHIZO:
En el altar

INGREDIENTES/HERRAMIENTAS:
Una fotografía de la persona que necesita sanación
Un rotulador permanente
Un plato ignífugo
Una vela votiva azul
1 cucharadita de salvia molida
Encendedor o cerillas

1. Limpia tu altar.

2. Con un rotulador permanente, rodea las zonas de la persona de la fotografía que necesiten energía curativa. Para el agotamiento mental, rodea la cabeza; para el emocional, rodea el corazón, etc.

3. Coloca la fotografía sobre el plato ignífugo y la vela encima.

4. Espolvorea la salvia sobre la vela mientras elevas tu energía.

5. Enciende la vela y déjala arder durante quince minutos. Cierra los ojos y céntrate en la recuperación y la sanación.

6. Repite este hechizo todos los días hasta que la vela se haya consumido.

Saquito para sanar tu enfermedad mientras duermes

¿Estás demasiado enferma como para reunir energía suficiente para curarte? Sana mientras duermes. Este saquito herbal es rápido y sencillo de hacer y puedes permanecer profundamente dormida mientras su magia actúa para absorber tus males.

CUÁNDO HACER ESTE HECHIZO:
Un miércoles o durante la luna menguante

TIEMPO QUE DEBES DEDICAR AL HECHIZO:
10 minutos, más toda la noche

DÓNDE REALIZAR EL HECHIZO:
En el altar

INGREDIENTES/HERRAMIENTAS:
Un cuadrado de tela azul de 20 cm
2 cucharaditas de manzanilla seca
2 cucharaditas de sándalo
2 cucharaditas de cayena
2 cucharaditas de romero seco
Una cuerda azul

1. Limpia tu altar.

2. Extiende la tela y coloca sobre ella, uno por uno, la manzanilla, los trocitos de sándalo, la cayena y el romero y di:

   «Soy más fuerte de lo que creo
   y con este amuleto un vínculo genero:
   en un abrir y cerrar de ojos me recupero».

3. Levanta los lados de la tela y átalos fuerte con la cuerda para sellarlos mientras visualizas las energías de los ingredientes.

4. Antes de acostarte, inspira el aroma del saquito y visualízate a ti misma curándote. Ten el saquito a tu lado o debajo de la almohada mientras duermes.

5. Repite el paso 4 por la noche siempre que estés enferma.

Talismán de luna curativo

Permite que la energía de la luna llena te cure. En este hechizo vas a crear un collar cargado para amplificar tus intenciones sanadoras. Usar un collar de cristal o de madera aumentará su fuerza. Si no dispones de uno, puedes fabricar un colgante con un alambre unido a un trozo de madera o de cristal.

CUÁNDO HACER ESTE HECHIZO:
Durante la luna llena

TIEMPO QUE DEBES DEDICAR AL HECHIZO:
15 minutos, más toda la noche

DÓNDE REALIZAR EL HECHIZO:
En el altar

INGREDIENTES/HERRAMIENTAS:
Una vela votiva o de pilar
   blanca o azul
2 gotas de aceite esencial
   de eucalipto
Encendedor o cerillas
Un collar de madera o de cristal
   (o un colgante de madera
   o de cristal)

1. Limpia tu altar.

2. Unge la vela con el aceite esencial de eucalipto evitando que entre en contacto con la mecha.

3. Enciende la vela y céntrate en visualizar energía curativa.

4. Pasa el collar por el calor del humo y di:

   «Collar, de luz sanadora imprégnate,
   bajo la luna llena cárgate
   y, a partir de esta noche, de la enfermedad presérvame».

5. Sostén el collar entre tus manos y siente cómo se entremezcla con tu energía. Póntelo siempre que necesites energía curativa.

6. Apaga la vela y coloca el talismán en el alféizar de una ventana donde dé la luz de la luna.

7. Recárgalo cada luna llena.

Manteca corporal de vitalidad

Devuelve a tu cuerpo la vitalidad que perdió por la enfermedad o el sufrimiento. Esta manteca corporal curativa multiusos puede emplearse para dolores, hematomas, rozaduras, sequedad de la piel o erupciones. Constituye también un regalo estupendo para amigos y seres queridos.

CUÁNDO HACER ESTE HECHIZO:
Un miércoles o durante
la luna nueva

**TIEMPO QUE DEBES DEDICAR
AL HECHIZO:**
1 hora y 40 minutos

DÓNDE REALIZAR EL HECHIZO:
En la cocina

INGREDIENTES/HERRAMIENTAS:
Una olla para baño María
o cazuelas pequeñas y medianas
y un cuenco de cerámica

1 taza de manteca de karité
o manteca de cacao
½ taza de aceite de coco
½ taza de aceite portador,
como el de almendras
20 gotas de aceite esencial
de lavanda
Una batidora manual
o unas varillas
Un tarro de vidrio mediano
con tapa

1. Limpia la cocina.

2. Calienta la olla para baño María a fuego medio. Si no dispones de una, llena una cazuela mediana de agua e introduce un ramekín o un plato de cerámica boca abajo asegurándote de que sobresalga un centímetro por encima del agua. Coloca sobre él una cazuela más pequeña. No debe tocar el agua.

3. Mezcla la manteca de karité, el aceite de coco y el aceite portador en la olla para baño María o introdúcelos en la cazuela pequeña. Remueve constantemente hasta que se hayan fundido. Retira la mezcla del calor y deja enfriar durante un minuto.

4. Incorpora el aceite esencial de lavanda y céntrate en tus intenciones mientras lo remueves. Refrigera la mezcla durante una hora.

5. Retira la mezcla del frigorífico y bátela con una batidora de mano o unas varillas hasta que esté esponjosa. Vuelve a introducirla en el frigorífico para que asiente.

6. Guárdala en un tarro de vidrio a unos 23 °C.

Aceite de eucalipto para eliminar enfermedades

Elimina toses, resfriados y flemas con este bálsamo herbal. Es un hechizo sencillo y rápido en el que utilizaremos eucalipto, un remedio muy popular para los catarros y las enfermedades respiratorias. Si tienes la piel sensible, acuérdate de hacer una prueba en una zona pequeña.

CUÁNDO HACER ESTE HECHIZO:
Un miércoles o durante la luna nueva o creciente

TIEMPO QUE DEBES DEDICAR AL HECHIZO:
20 minutos

DÓNDE REALIZAR EL HECHIZO:
En la cocina

INGREDIENTES/HERRAMIENTAS:
2 cucharadas de aceite de coco
Un tarro de vidrio de 50 ml con tapa
6 gotas de aceite esencial de eucalipto

1. Limpia la cocina.

2. Introduce el aceite de coco en un tarro de vidrio. Si está sólido, ponlo en el microondas a baja potencia en intervalos de diez segundos hasta que se haya fundido. Ten cuidado de que no llegue a hervir.

3. Añade el aceite esencial de eucalipto centrándote en tus intenciones.

4. Remueve la mezcla y di:
   «Con estos aceites, engendro
   energía curativa para el pecho.
   Esta tristeza de la enfermedad elimina;
   escucha y que esta petición sea atendida».

5. Refrigera la mezcla hasta que se haya solidificado.

6. Para utilizarla, aplica unas gotas a los puntos de presión.

Hechizo enraizante contra la ansiedad

La ansiedad puede colarse en la vida de cualquier persona, y por eso es importante conocer formas de luchar contra ella antes de que escape a nuestro control. Ya cuentas con el poder necesario para conseguirlo. Accede a él con este hechizo enraizante, que solo requiere un cristal de citrino.

CUÁNDO HACER ESTE HECHIZO:
En cualquier momento

TIEMPO QUE DEBES DEDICAR AL HECHIZO:
15 minutos

DÓNDE REALIZAR EL HECHIZO:
En el altar

INGREDIENTES/HERRAMIENTAS:
Un cristal de citrino

1. Limpia tu altar.

2. Adopta una postura cómoda y sostén el cristal de citrino en tu mano dominante. Cierra los ojos.

3. Respira hondo. Visualiza un globo de luz sanadora sobre tu cabeza. Siente cómo se mueve a través de ti extrayendo la ansiedad de tu cuerpo mientras va abriéndose camino hasta la base de la columna vertebral.

4. Cuando sientas que ha recogido toda tu ansiedad, visualiza cómo la expulsa de tu cuerpo y la lleva hasta la tierra.

Poción de reinicio

¿Alguna vez has enfermado y has deseado poder pulsar el botón de reinicio? Este hechizo utiliza la luna nueva y un heliotropo para brindarte justo eso. Empléalo para desconectarte y volver a iniciarte de manera que estés preparada para afrontar el mes que tienes por delante.

CUÁNDO HACER ESTE HECHIZO:
Durante la luna nueva

TIEMPO QUE DEBES DEDICAR AL HECHIZO:
30 minutos

DÓNDE REALIZAR EL HECHIZO:
En el altar o en la cocina

INGREDIENTES/HERRAMIENTAS:
1 l (4 tazas) de agua destilada o hervida y dejada enfriar a temperatura ambiente
Un tarro de vidrio grande con tapa
1 cucharada de ortiga seca
1 cucharada de verbena seca
Un heliotropo
Una gasa o colador
Una taza para beber (opcional)

1. Limpia tu altar o la cocina.

2. Vierte el agua en un tarro de vidrio grande.

3. Incorpora la ortiga y la verbena y cierra el tarro.

4. Coloca el heliotropo sobre la tapa para que impregne su energía y favorezca el reinicio.

5. Cierra los ojos y céntrate en tus intenciones bajo la luna nueva.

6. Deja reposar la poción durante toda la noche.

7. Cuela y bebe la poción o viértela en el exterior de tu hogar para rodearte de la energía de la luna nueva.

Red de cristales para curar el dolor

El dolor puede ser de muchos tipos: físico, mental o emocional. Los cristales te ayudan a gestionarlo aportándote energía sanadora y reconstituyente. Esta red curativa emplea distintos cristales con propiedades curativas.

CUÁNDO HACER ESTE HECHIZO:
Durante la luna nueva o llena

TIEMPO QUE DEBES DEDICAR AL HECHIZO:
30 minutos

DÓNDE REALIZAR EL HECHIZO:
En el altar o al aire libre bajo la luz de la luna

INGREDIENTES/HERRAMIENTAS:
Bolígrafo y papel
4 cristales de cuarzo transparente
3 cristales de citrino
3 turquesas
3 peridotos
Una varita o un athame

1. Limpia tu altar o el espacio al aire libre.

2. Dibuja con el papel y el bolígrafo una forma de red que te parezca apropiada. No coloques todavía los cristales en la red. Lo harás en el paso 4.

3. Sostén los cristales en las manos y visualiza cómo tu energía y tus intenciones se mezclan con ellos. Di una afirmación, como: «*Cargo estos cristales para que curen y absorban mi dolor*».

4. Recrea con ellos la red que diseñaste en el paso 2. Empieza con uno en el centro y ve trabajando hacia afuera.

5. Utiliza la varita o el athame para activar la red. Dirige tu energía para unir los cristales. Di: «*Uno esta red para eliminar el dolor y protegerme contra los daños*».

6. Relaja tu postura y medita sobre tus intenciones durante quince minutos.

(CONTINÚA)

Red de cristales para curar el dolor (CONTINÚA)

7. Deja colocada la red todo el tiempo que quieras que esté activa. Cada pocos días, vuelve a unir de nuevo los cristales y expresa tus intenciones en voz alta.

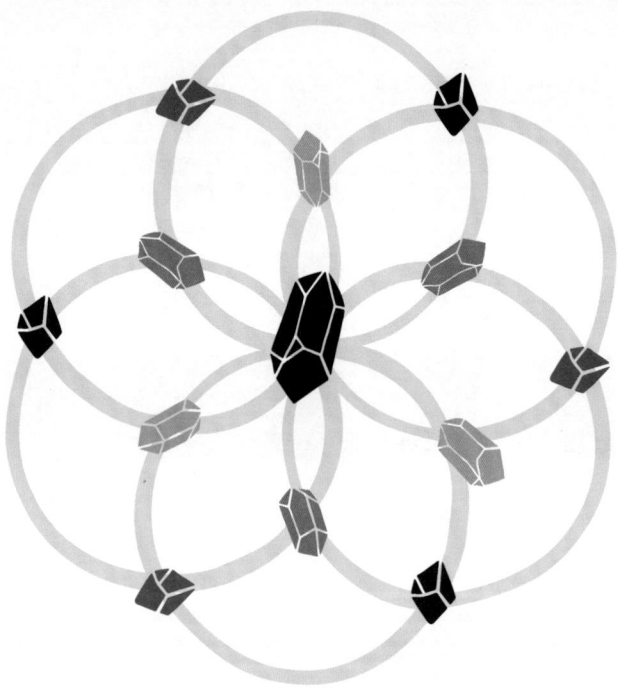

Muñequita curativa

Las muñequitas son una herramienta de magia compasiva, por lo que resultan ideales para combinarlas con cuidados médicos prescritos o preventivos. Pueden crear una conexión que te asista en tus intenciones. Esta muñeca es perfecta para que la utilices con tus seres queridos y les inspires sanación.

CUÁNDO HACER ESTE HECHIZO:
Un domingo o durante
   la luna nueva o llena

TIEMPO QUE DEBES DEDICAR AL HECHIZO:
30 minutos

DÓNDE REALIZAR EL HECHIZO:
En el altar

INGREDIENTES/HERRAMIENTAS:
2 trozos cuadrados de tela azul
Aguja de coser
Hilo
Fibra de poliéster o bolas
   de algodón para rellenar
Un lápiz
Unas tijeras
1 cucharadita de melisa seca
1 cucharadita de caléndula seca
1 cucharadita de pimienta negra
Un objeto pequeño
   que te pertenezca

1. Limpia tu altar.

2. Purifica la tela, la aguja, el hilo y el relleno.

3. Dibuja sobre la tela el contorno de la parte delantera y la trasera de la muñeca y recórtalos con las tijeras.

4. Coloca las dos piezas juntas con el revés de la tela hacia afuera. Cose los bordes para formar una muñequita. Deja unos centímetros sin coser y dale la vuelta para esconder las costuras.

5. Rellena la muñequita con la fibra de poliéster y la melisa, la caléndula y la pimienta negra. Ve cargando cada uno de los ingredientes a medida que los vayas añadiendo.

(CONTINÚA)

Muñequita curativa (CONTINÚA)

6. Incorpora un objeto que vincule a la muñequita contigo. Puede ser un mechón de cabello, una pinza del pelo, un lazo viejo o cualquier cosa que hayas usado. Cierra la abertura de la muñeca.

7. Colócala sobre tu altar. Centra tu energía en la parte de tu cuerpo que te gustaría curar y siente cómo tu energía envuelve esa parte de la muñeca. Permítete entrar en un estado similar al trance durante diez minutos y di:

   «Luz sanadora, envuelve con energía recuperadora».

8. Repite el paso 7 en tu muñequita siempre que necesites energía curativa.

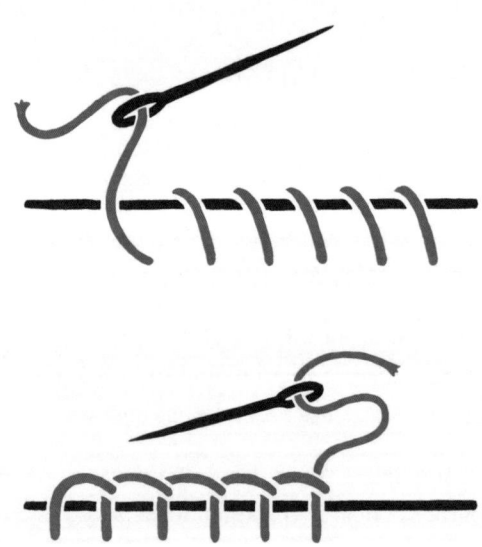

Hechizo de espejo para la curación

Un espejo puede brindarte un empujoncito que fortalezca tus hechizos curativos. Este es robusto y necesitarás un espejo, cristales, una vela azul y aceite esencial de romero para generar energía curativa para ti o para un ser querido.

CUÁNDO HACER ESTE HECHIZO:
Durante la luna llena

TIEMPO QUE DEBES DEDICAR AL HECHIZO:
35 minutos

DÓNDE REALIZAR EL HECHIZO:
En el altar

INGREDIENTES/HERRAMIENTAS:
Un espejito de mano
Un plato ignífugo grande
Bolígrafo y papel
Una vela de pilar azul
3 gotas de aceite esencial de romero
4 cristales de cuarzo transparente u otras piedras curativas
Encendedor o cerillas
Una varita o athame

1. Limpia tu altar.

2. Coloca el espejo boca arriba en tu altar sobre un plato ignífugo grande.

3. Escribe el nombre de la persona que necesita curación.

4. Coloca el papel encima del espejo. Si es necesario, dóblalo para que quepa.

5. Coloca la vela sobre el papel y el espejo. Úngela con el aceite esencial de romero y céntrate en tus intenciones. No dejes que el aceite entre en contacto con la mecha.

6. Dispón los cristales de cuarzo alrededor del espejo, el papel y la vela formando un rombo que represente el norte, el sur, el este y el oeste para honrar así a los cuatro elementos.

7. Enciende la vela y medita durante diez minutos sobre tus deseos e intenciones.

(CONTINÚA)

Hechizo de espejo para la curación (CONTINÚA)

8. Abre los ojos. Apunta hacia cada cristal con la varita o el athame moviéndote en la dirección de las agujas del reloj. Di:
«Con esta vela, expulso
toda enfermedad y consternación.
Con estos cristales, uno
y elimino esta noche todo el dolor.
Con este espejo, transmito
y amplifico la energía curativa que domino».

9. Deja arder la vela mientras meditas durante veinte minutos sobre tus intenciones elevando energía para tu hechizo. Permite que la cera gotee sobre el papel y el espejo.

10. Entierra la vela y la hoja de papel.

Hechizo para curar a distancia

Si estás lejos de seres queridos que necesitan curación (o estás lejos de casa), puedes intentar hechizos de larga distancia. El método que se emplea en este hechizo se denomina a veces medicina sanadora o reiki y puede hacerse con varitas de cristal o piedras del tamaño de la palma de la mano.

CUÁNDO HACER ESTE HECHIZO:
Un miércoles o durante la luna creciente

TIEMPO QUE DEBES DEDICAR AL HECHIZO:
45 minutos

DÓNDE REALIZAR EL HECHIZO:
Allí donde puedas sentirte cómoda

INGREDIENTES/HERRAMIENTAS:
Un almohadón o un cojín de meditación (opcional)
Encendedor o cerillas
Una vela morada
Una varita de cristal (puedes utilizar cuarzo transparente, cuarzo rosa o selenita)

1. Limpia el espacio en el que vas a realizar la sanación a distancia.

2. Si dispones de un almohadón o un cojín para meditar, siéntate sobre él para estar cómoda.

3. Enciende la vela para potenciar tus habilidades psíquicas y para que te ayude a centrarte en tu intención de sanar.

4. Coge la varita de cristal con tu mano dominante sin apretar y conecta con su energía. Abre la otra mano con la palma hacia arriba.

5. Cierra los ojos y practica una respiración profunda hasta que alcances un estado meditativo.

6. Canaliza tu energía y tira de ella, empújala hasta que consigas moverla en la dirección del cristal. Permite que ambas energías conecten y se fundan.

(CONTINÚA)

Hechizo para curar a distancia (CONTINÚA)

7. Visualiza a la persona a la que deseas conceder sanación.

8. Mueve la varita hacia adelante y hacia atrás visionando cómo la energía sanadora envuelve a la persona. Céntrate en tus intenciones.

9. Cuando hayas terminado, entierra todo exceso de energía y practica la respiración profunda hasta que vuelvas a sentir tu centro de energía como siempre.

Sello de sanación personalizado

Crea un sello de sanación personalizado que podrás utilizar en distintos hechizos curativos. Puedes grabarlo en velas curativas, dibujarlo en piedras o coserlo en muñequitas o bolsitas. No es necesario que sea perfecto; lo importante es que sea exclusivamente tuyo.

CUÁNDO HACER ESTE HECHIZO:
Un miércoles o durante
  la luna nueva

**TIEMPO QUE DEBES DEDICAR
AL HECHIZO:**
10 minutos

DÓNDE REALIZAR EL HECHIZO:
En el altar

INGREDIENTES/HERRAMIENTAS:
Un rotulador permanente
  con tinta azul
1 hoja de papel
Una piedra o un trozo de
  madera planos (opcional)
Incienso de lavanda o una
  escoba de bruja (opcional)
Encendedor o cerillas

1. Limpia tu altar.

2. Céntrate en tus intenciones. Escribe la palabra *«Sanación»* u otra parecida sobre una hoja de papel.

3. Deconstruye las letras de la palabra en sus trazos básicos, como curvas, puntos, rayas y líneas. Dibújalos en el mismo papel debajo de la palabra.

4. En la misma hoja, combina los trazos para crear una forma. Este es tu sello de curación.

5. Vuelve a dibujar tu sello de curación, ahora codificado con tus intenciones, en la misma hoja de papel.

6. Para crear un talismán con el sello de curación, dibújalo en una piedra o en un trozo de madera. Prende incienso y limpia el talismán pasándolo por el humo. También puedes emplear una escoba de bruja. Sostén el talismán en tus manos y céntrate en tus intenciones para consagrarlo y activarlo para su uso.

Bolsita de energía curativa

Puedes utilizar esta bolsita curativa para la sanación física, emocional o espiritual siempre que consideres que necesitas un empujoncito. El color azul, que se asocia con la curación, se emplea en todo este hechizo: en la tela de la bolsita, en la vela y en el cristal.

CUÁNDO HACER ESTE HECHIZO:
Un lunes o un domingo

TIEMPO QUE DEBES DEDICAR AL HECHIZO:
Entre 3 y 5 horas, dependiendo del tiempo que tarde la vela en consumirse

DÓNDE REALIZAR EL HECHIZO:
En el altar

INGREDIENTES/HERRAMIENTAS:
2 cuadrados de tela azul de 12 cm
Aguja de coser
Hilo azul
Encendedor o cerillas
Una vela de té azul
4 clavos
4 pétalos frescos de rosa
1 cristal o piedra azul que elijas (si no dispones de uno, sustitúyelo por cuarzo transparente)

1. Limpia tu altar.

2. Une los dos cuadrados de tela con el revés hacia afuera.

3. Con la aguja y el hilo, cose los bordes de la tela para crear una bolsita dejando unos centímetros abiertos para poder darle la vuelta y ocultar las costuras.

4. Enciende la vela, siéntate en silencio e imagina que estás bien.

5. Introduce, uno por uno, los clavos, los pétalos de rosa y el cristal en la bolsita y di:
   «Con estos clavos, me curo.
   Con estos pétalos de rosa, me curo.
   Con esta piedra, me curo».

6. Cose los centímetros que habías dejado abiertos sellando tus intenciones dentro de la bolsita.

7. Cierra los ojos y visualiza una energía sanadora azul que proviene de la bolsa y que envuelve tu cuerpo.

8. Puedes dejar que la vela se consuma o apagarla sintiendo cómo se lleva consigo tu enfermedad. No vuelvas a utilizar la vela.

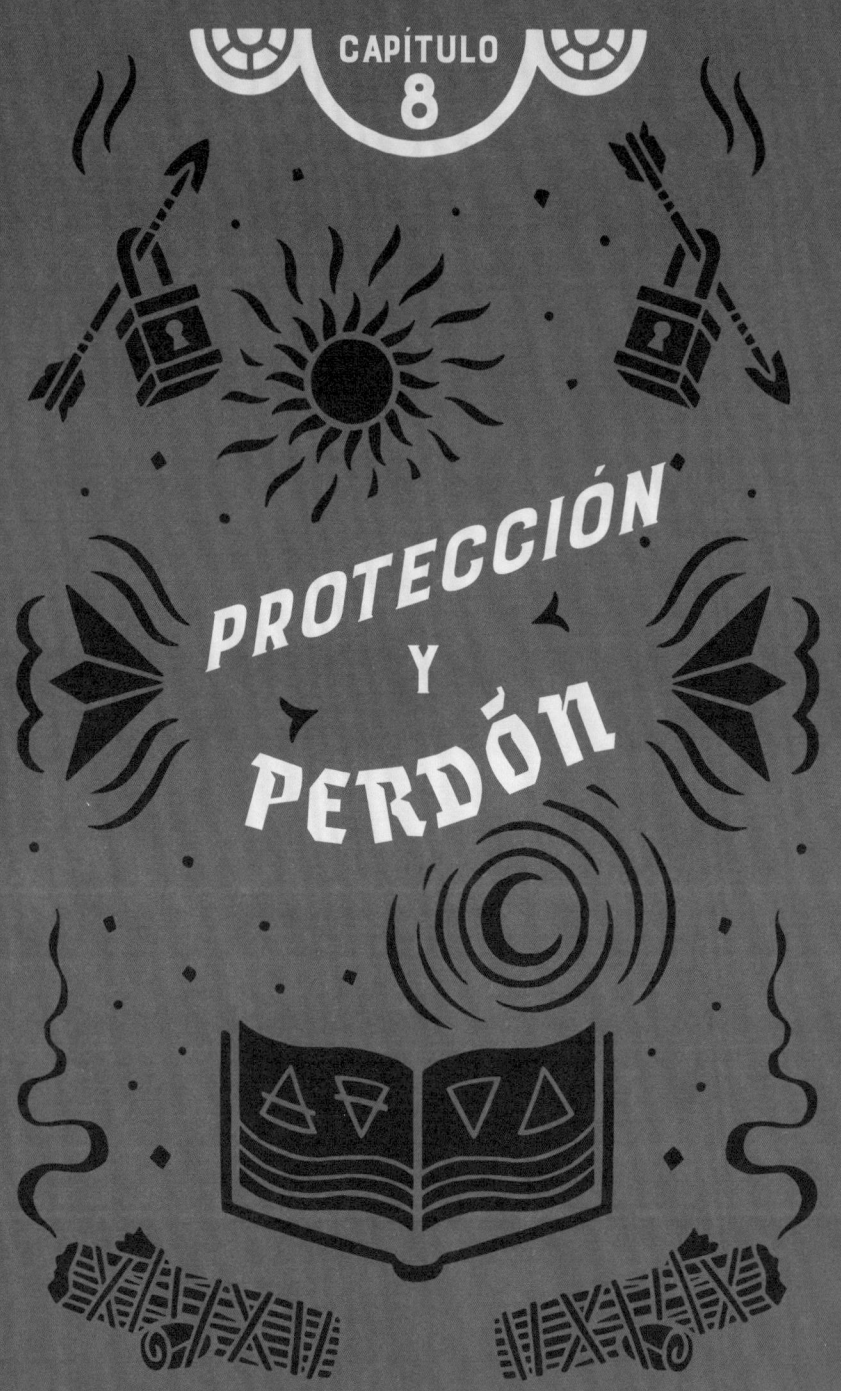

CAPÍTULO
8

PROTECCIÓN
Y
PERDÓN

Tanto si eres una bruja principiante como si ya tienes experiencia, es fundamental que aprendas hechizos de protección y perdón. La magia de protección, una de las formas más antiguas del trabajo con hechizos, nos ayuda a defendernos. La de perdón nos permite vivir en el presente y encontrar la paz interior. Estos dos tipos de magia van unidos porque ambos son cruciales para conseguir una sensación de seguridad. Los hechizos de esta sección te enseñarán a protegerte y a encontrar la paz contigo misma, con tu hogar y con la gente que te rodea.

Solución de limpieza para el hogar

La protección empieza en casa. Utiliza esta solución de limpieza para escudar y fortificar tu hogar frente a los espíritus malignos, la atención no deseada y otros perjuicios. Debes hacerla al principio de cada estación para asegurar su potencia.

CUÁNDO HACER ESTE HECHIZO:
Un sábado o durante
la luna oscura

**TIEMPO QUE DEBES DEDICAR
AL HECHIZO:**
10 minutos, más el tiempo
de limpieza

DÓNDE REALIZAR EL HECHIZO:
En la cocina

INGREDIENTES/HERRAMIENTAS:
1 l (4 tazas) de agua
Una cazuela grande
Un cubo
1 taza de vinagre blanco
12 gotas de aceite esencial
de bergamota
12 gotas de aceite esencial
de geranio
Un paño

1. Limpia la cocina.

2. Hierve una cazuela grande de agua para eliminar todas las impurezas. Vierte el agua purificada en un cubo limpio.

3. Añade el vinagre blanco.

4. Céntrate en tus intenciones e incorpora los aceites esenciales de bergamota y geranio.

5. Remueve el cubo tres veces y di:
   «Doy al cubo vueltas tres,
   para las paredes y el suelo proteger».

6. Utiliza esta agua hechizada para limpiar las ventanas y las puertas de tu hogar.

Sal para proteger los límites

¿Tienes la sensación de que una energía no deseada o algún espíritu están sobrepasando tus límites? Coge las riendas y supera tu miedo con unas sales protectoras. Utiliza este hechizo para crear una barrera alrededor de tu casa y protegerte frente a fuerzas indeseables.

CUÁNDO HACER ESTE HECHIZO:
Un sábado o durante
  la luna nueva

TIEMPO QUE DEBES DEDICAR AL HECHIZO:
15 minutos, más el tiempo de
  espolvorearla

DÓNDE REALIZAR EL HECHIZO:
En el altar o en la cocina

INGREDIENTES/HERRAMIENTAS:
1 taza de sal de mesa
Un tarro de vidrio de 35 cl
  con tapa
1 cucharadita de albahaca seca
1 cucharadita de clavo molido
1 cucharadita de comino molido
1 cucharadita de pimienta negra
1 cucharadita de ceniza
  de un hechizo anterior

1. Limpia tu altar o la cocina.

2. Introduce la sal en el tarro.

3. A continuación, añade la albahaca, el clavo, el comino, la pimienta negra y la ceniza. Mientras los vas incorporando, di:
   «Albahaca para defender,
   clavo para guardar,
   comino para cobijar,
   pimienta para escudar,
   ceniza para proteger».

4. Cierra el tarro y agita para mezclarlo todo.

5. Vierte la mezcla de sal formando una línea ininterrumpida alrededor de tu casa. Comprueba a menudo que no se rompe la línea. Si lo hiciera, tendrías que repetir el hechizo.

Amuleto de protección

Un amuleto de protección puede incrementar la energía defensiva del propio cuerpo. Este hechizo utiliza las asociaciones protectoras del color negro (o marrón) y el comino. Ponte este amuleto o regálaselo a alguien a quien te gustaría proteger.

CUÁNDO HACER ESTE HECHIZO:
Un sábado o durante
la luna llena

TIEMPO QUE DEBES DEDICAR AL HECHIZO:
15 minutos

DÓNDE REALIZAR EL HECHIZO:
En el altar

INGREDIENTES/HERRAMIENTAS:
Una pizca de comino
Una vela votiva negra o marrón
Encendedor o cerillas
Un collar o un amuleto

1. Limpia tu altar.

2. Espolvorea el comino sobre la vela para ungirla.

3. Enciende la vela ungida y visualiza sus propiedades protectoras.

4. Pasa el collar o el amuleto por el humo y di:
   «Collar de protección,
   cárgate con mi intención
   y sirve de escudo en mi dirección».

5. Deja que tu poder impregne el amuleto para cargarlo.

6. Utiliza la misma vela para repetir el hechizo cada pocos meses y recargar así el amuleto protector.

Sello de protección

En este hechizo vas a crear un sello que puedes utilizar dibujándolo en una piedra de protección. Es también estupendo para emplearlo con la solución de limpieza para el hogar (página 176); no tienes más que mojarte los dedos en la mezcla y dibujar unos sellos de protección invisibles sobre espejos y ventanas.

CUÁNDO HACER ESTE HECHIZO:
Un sábado o durante
la luna nueva

**TIEMPO QUE DEBES DEDICAR
AL HECHIZO:**
10 minutos

DÓNDE REALIZAR EL HECHIZO:
En el altar

INGREDIENTES/HERRAMIENTAS:
Bolígrafo y papel
Un rotulador permanente negro
Una piedra plana (opcional)

1. Limpia tu altar.

2. Céntrate en tus intenciones. Escribe la palabra *«Proteger»* en una hoja de papel.

3. Deconstruye las letras de la palabra en sus trazos básicos, como curvas, puntos, rayas y líneas. Dibújalos en el mismo papel debajo de ella.

4. En la misma hoja, combina los trazos para crear una forma. Puede ser un cuadrado, un corazón, una cruz o un triángulo. Coloca el resto de círculos, arcos y rayas a lo largo de las líneas o alrededor de la forma. Este es tu sello de protección.

5. Si quieres, puedes dibujar tu sello, ahora codificado con tus intenciones, en una piedra y llevarla contigo.

Hechizo de protección con hierro

El hierro es un metal protector de gran importancia, además de extremadamente abundante. Se encuentra en la tierra y en las estrellas. En magia, se emplea en forma de clavos, herraduras y hematite. En este hechizo vas a devolverlo a la tierra como ofrenda a cambio de protección.

CUÁNDO HACER ESTE HECHIZO:
Un sábado o durante la luna nueva o creciente

TIEMPO QUE DEBES DEDICAR AL HECHIZO:
20 minutos

DÓNDE REALIZAR EL HECHIZO:
En el altar y al aire libre

INGREDIENTES/HERRAMIENTAS:
Un mortero o un molinillo
Una hoja de laurel seca
1 cucharadita de canela
1 cucharadita de sal
Encendedor o cerillas
Un disco de carbón vegetal
Un plato ignífugo
5 piezas de hierro (p. ej., unos clavos o unos hematite)

1. Limpia tu altar.

2. Machaca la hoja de laurel, la canela y la sal en el mortero o en el molinillo para crear un incienso. Reserva.

3. Prende el disco de carbón vegetal sobre un plato ignífugo y deja que se ponga rojo.

4. Espolvorea una pizca de la mezcla de incienso sobre él.

5. Pasa las piezas de hierro a través del humo centrándote en tus intenciones.

6. Medita durante diez minutos y apaga el incienso.

7. Entierra las piezas de hierro cargadas en tu jardín para ofrecerlo de vuelta a la tierra.

Ritual de baño para el perdón

El perdón no es instantáneo, es un proceso que requiere tiempo. Este baño ritual te ayudará a empezar a desechar los traumas, la aflicción y el dolor y te apoyará mientras perdonas a aquellos que te han hecho daño.

CUÁNDO HACER ESTE HECHIZO:
Un domingo, un lunes o durante la luna nueva

TIEMPO QUE DEBES DEDICAR AL HECHIZO:
45 minutos

DÓNDE REALIZAR EL HECHIZO:
En el cuarto de baño

INGREDIENTES/HERRAMIENTAS:
1 taza de sales de Epsom
Encendedor o cerillas
Una vela de pilar negra o blanca
3 gotas de aceite esencial de jazmín
3 gotas de aceite esencial de manzanilla

1. Limpia tu cuarto de baño.

2. Llena la bañera con agua caliente y añade las sales de Epsom.

3. Enciende la vela y colócala en un lugar seguro y cercano mientras te centras en tus intenciones.

4. Cuando la bañera esté llena, vierte los aceites esenciales de jazmín y manzanilla en el agua y sumérgete en ella.

5. Permanece en el agua durante treinta minutos y visualiza que todo tu dolor y tu aflicción abandonan tu cuerpo dentro de unos globos que se alejan de ti.

6. Al cabo de treinta minutos, vacía la bañera y apaga la vela.

7. Realiza este ritual tan a menudo como necesites.

Amuleto de bendición para los viajes

¿Vas a viajar, ya sea por aire, tierra o mar? Expulsa los miedos y las preocupaciones con una bendición para los viajes que estimulará solo positividad y seguridad. Este hechizo puede utilizarse también con otros compañeros que necesiten una bendición protectora.

CUÁNDO HACER ESTE HECHIZO:
Un miércoles o durante la luna oscura o llena

TIEMPO QUE DEBES DEDICAR AL HECHIZO:
15 minutos

DÓNDE REALIZAR EL HECHIZO:
En el altar o al aire libre

INGREDIENTES/HERRAMIENTAS:
Encendedor o cerillas
Un disco de carbón vegetal
Un plato ignífugo
Un cuenco pequeño
1 cucharadita de alcaravea seca
1 cucharadita de romero seco
1 cucharadita de menta seca
Un cristal que esté relacionado con tu viaje (p. ej., aguamarina para los viajes por mar o esmeralda para los de tierra)

1. Limpia tu altar o la zona al aire libre.

2. Prende un disco de carbón vegetal sobre un plato ignífugo y deja que se caliente durante cinco o diez minutos o hasta que esté al rojo.

3. Mezcla, en un cuenco pequeño, la alcaravea, el romero y la menta.

4. Espolvorea una pizca de incienso sobre el disco de carbón vegetal.

5. Pasa el cristal por el humo. Céntrate en tus intenciones de bendecir y proteger a la persona que lleve el cristal.

Bombas de ducha para favorecer el perdón

Perdonar a otras personas no resulta fácil, pues requiere coraje; pero, cuando perdonas, te haces más fuerte. Las bombas de ducha de este hechizo están impregnadas de aromas tranquilizadores y aceites esenciales que favorecen el valor. Utilízalas solas o junto al hechizo de la ducha limpiadora para perdonar (página 184).

CUÁNDO HACER ESTE HECHIZO:
Un domingo, un miércoles o durante la luna nueva

TIEMPO QUE DEBES DEDICAR AL HECHIZO:
20 minutos, más entre 24 y 48 horas de secado

DÓNDE REALIZAR EL HECHIZO:
En la cocina

INGREDIENTES/HERRAMIENTAS:
Un cuenco mediano y una cuchara
1 taza de bicarbonato sódico
½ taza de sal marina
Una botella con pulverizador llena de agua
10 gotas de aceite esencial de lavanda
10 gotas de aceite esencial de menta
10 gotas de aceite esencial de romero
Moldes de silicona para magdalenas

1. Limpia la cocina.

2. Mezcla, en un cuenco, el bicarbonato sódico y la sal.

3. Pulveriza agua sobre la mezcla y remueve hasta obtener una consistencia húmeda parecida a la de la arena. Añade más agua si fuese necesario.

4. Incorpora los aceites esenciales de lavanda, menta y romero mientras te centras en tus intenciones.

5. Introduce la mezcla en los moldes de silicona apretando bien. Deja secar entre 24 y 48 horas.

6. Retira las bombas de los moldes y guárdalas en un recipiente hermético.

Ducha limpiadora para perdonar

El perdón empieza desde dentro. Solo tú puedes decidir cuándo estás lista para soltar y seguir adelante. Con este hechizo limpiador, te acercarás un paso más a ese momento. Ten en cuenta que vamos a utilizar agua corriente, por lo que solo se puede hacer en la ducha.

CUÁNDO HACER ESTE HECHIZO:
Un domingo, un miércoles
o durante la luna nueva

**TIEMPO QUE DEBES DEDICAR
AL HECHIZO:**
20 minutos

DÓNDE REALIZAR EL HECHIZO:
En el cuarto de baño

INGREDIENTES/HERRAMIENTAS:
Bombas de ducha para
favorecer el perdón
(página 183)
Una ducha

1. Limpia el cuarto de baño.

2. Coloca una bomba para favorecer el perdón en el rincón de la ducha y empieza a ducharte normalmente.

3. Cuando huelas los aromas de la bomba, piensa en la persona que te hizo mal y en todos los sentimientos asociados con ella y con lo que te hizo.

4. Mientras te lavas, di:
   «Lavo el dolor,
   y por el desagüe lo envío;
   perdono con la mente y el corazón
   y el dolor, para dejarlo atrás, disipo».

Neblina protectora

Esta neblina protectora es una pulverización limpiadora que utiliza el poder purificador del agua y las propiedades de protección de los aceites esenciales. Llévala contigo cuando necesites disponer de un escudo.

CUÁNDO HACER ESTE HECHIZO:
Un sábado o durante
  la luna oscura

TIEMPO QUE DEBES DEDICAR AL HECHIZO:
20 minutos

DÓNDE REALIZAR EL HECHIZO:
En el altar o en la cocina

INGREDIENTES/HERRAMIENTAS:
½ taza de agua destilada o del
  grifo hervida y dejada enfriar
  a temperatura ambiente
Una botella de vidrio ámbar de
  170 ml con pulverizador
4 gotas de aceite esencial
  de lavanda
4 gotas de aceite esencial
  de salvia
4 gotas de aceite esencial
  de cedro

1. Limpia tu altar o la cocina.

2. Vierte el agua en una botella de vidrio con pulverizador y añade los aceites esenciales de lavanda, salvia y cedro. Cierra y agita para mezclarlo todo bien. Mientras lo haces, imprégnala con tus intenciones.

3. Sostén la botella entre las manos y visualiza cómo tu energía la envuelve y se convierte en parte del líquido.

4. Agita antes de cada uso.

Escudo psíquico de protección

¿Necesitas un escudo que te saque de un apuro? Utiliza esta simple protección psíquica para protegerte contra la energía negativa o contra cualquier mal que se cruce en tu camino. Este escudo puede resultar útil para evitar verte atrapada por las emociones de otras personas y conservar así tu energía.

CUÁNDO HACER ESTE HECHIZO:
En cualquier momento

TIEMPO QUE DEBES DEDICAR AL HECHIZO:
10 minutos

DÓNDE REALIZAR EL HECHIZO:
En el altar para empezar,
  y luego, en cualquier parte

INGREDIENTES/HERRAMIENTAS:
Neblina protectora (página 185;
  opcional)
Cristal de cuarzo ahumado
  (opcional)

1. Limpia tu altar y la zona de alrededor. Si estás en marcha, quizá te interese pulverizar primero un poco de neblina protectora.

2. Ponte cómoda y concéntrate en tu respiración. Si deseas más energía, sostén un cristal de cuarzo ahumado con la mano dominante.

3. Céntrate en tu energía interior. Cuando consigas visualizarla, intenta expandirla para que cubra todo tu cuerpo y te rodee, como si fuera una burbuja que se extiende unos centímetros a tu alrededor.

4. Utilízalo contra cualquier energía o fuerza exterior que intente acercarse a ti.

5. Repite estos pasos siempre que lo necesites.

Aceite de la bruja guerrera

Impulsa a tu guerrera interior con este aceite hechizado. Utiliza la mezcla para extendértelo sobre ti misma o para ungir tus herramientas. Este aceite proporciona una defensa básica contra accidentes, ataques o negatividad. Si te lo aplicas en la piel, acuérdate de hacer primero una prueba sobre una zona pequeña.

CUÁNDO HACER ESTE HECHIZO:
Un jueves o durante la luna creciente

TIEMPO QUE DEBES DEDICAR AL HECHIZO:
15 minutos

DÓNDE REALIZAR EL HECHIZO:
En el altar

INGREDIENTES/HERRAMIENTAS:
2 cucharadas de aceite portador, como el de almendras o el de jojoba
Una botellita de vidrio ámbar con aplicador o cuentagotas
2 gotas de aceite esencial de cedro
2 gotas de aceite esencial de geranio
2 gotas de aceite esencial de romero

1. Limpia tu altar.

2. Vierte el aceite portador en la botellita de vidrio ámbar con aplicador.

3. Añade, de uno en uno, los aceites esenciales de cedro, geranio y romero y di:
   «Escudo y protejo con estos aceites mezclados
   y guardo contra aquellos que desean hacer daño».

4. Sostén la botella entre tus manos y visualiza que se envuelve con energía. Cárgala con tus intenciones.

5. Tu aceite está ya hechizado y listo para usar. Unge tus puntos de presión, tus herramientas, tus velas u otros objetos.

Red de cristales para la protección

Amplifica tu poder con la ayuda de una red que contenga piedras protectoras como la obsidiana y el hematite. Otras opciones aceptables serían la turmalina negra, el azabache, el cuarzo ahumado, la fluorita y la cianita azul.

CUÁNDO HACER ESTE HECHIZO:
Un sábado o durante
   la luna oscura

**TIEMPO QUE DEBES DEDICAR
AL HECHIZO:**
30 minutos

DÓNDE REALIZAR EL HECHIZO:
En el altar o al aire libre

INGREDIENTES/HERRAMIENTAS:
Papel y bolígrafo
4 piedras de obsidiana
3 piedras de hematite
Una varita o un athame

1. Limpia tu altar o la zona al aire libre.

2. Crea, con el papel y el bolígrafo, un dibujo de red que te parezca apropiado. Para las redes de protección, prueba con un hexágono. No coloques los cristales todavía; lo harás en el paso 4.

3. Sostén los cristales con las manos y visualiza que tu energía y tus intenciones se mezclan con ellos. Di la afirmación que elijas, algo como: «*Cargo estos cristales para que me protejan y me cobijen*».

4. Recrea con los cristales la red que diseñaste en el paso 2. Empieza colocando una obsidiana en el centro y ve trabajando hacia la parte exterior.

5. Utiliza la varita o el athame para activar la red. Dirige tu energía para unir los cristales entre sí. Di: «*Uno esta red para que me proteja y me cobije*».

6. Relájate, cierra los ojos y medita sobre tus intenciones durante diez minutos.

7. Deja la red colocada todo el tiempo que desees que esté activa. Cada pocos días, vuelve a unir todos los cristales de nuevo y pronuncia tus intenciones en voz alta.

Refuerza tu escudo

Para crear un escudo psíquico se necesita esfuerzo, tiempo y poder. Este está basado en el hechizo del escudo psíquico de protección (página 186) con algunas variaciones. Si estás empezando a practicar hechizos o te cuesta dominar tu energía, es especialmente importante que utilices un amuleto de protección (página 178) y una neblina protectora (página 185).

CUÁNDO HACER ESTE HECHIZO:
En cualquier momento

DÓNDE REALIZAR EL HECHIZO:
En cualquier lugar

TIEMPO QUE DEBES DEDICAR AL HECHIZO:
15 minutos

INGREDIENTES/HERRAMIENTAS:
Neblina protectora (página 185; opcional)
Amuleto de protección (página 178) o un cristal

1. Limpia tu entorno.

2. Si quieres, utiliza la neblina protectora para hacer el trabajo de preparación de tu escudo.

3. Purifica el amuleto de protección o el cristal para que puedas extraer su energía.

4. Cierra los ojos, céntrate en tu respiración y aplica tu escudo psíquico de protección.

5. Una vez aplicado, expándelo hasta que el espacio entre ti y el final del escudo sea de un brazo de distancia. Practica aguantándolo durante al menos un minuto.

6. Practica los pasos 4 y 5 hasta que puedas sostener con fiabilidad el escudo durante un minuto completo.

7. Cuando estés preparada, empújalo más allá y sigue haciéndolo hasta que llene toda la habitación. Al expandirse, disipa o expulsa las entidades negativas o la energía no deseada del espacio en el que te encuentras.

8. Repite tantas veces como lo necesites. ¡Recuerda que la perfección se consigue con la práctica!

Ritual de tarot para perdonar

Puedes utilizar la adivinación para desvelar el camino hacia el perdón. Este hechizo emplea un ritual fácil de tarot que puedes adaptar a cualquier situación, pues te muestra lo que necesitas superar para empezar la andadura que te conduzca al perdón.

CUÁNDO HACER ESTE HECHIZO:
Un domingo, un lunes o durante la luna oscura o llena

TIEMPO QUE DEBES DEDICAR AL HECHIZO:
30 minutos

DÓNDE REALIZAR EL HECHIZO:
En el altar

INGREDIENTES/HERRAMIENTAS:
Encendedor o cerillas
Una vela votiva o de té blanca
Una varita o athame
Una baraja de tarot
Bolígrafo y papel

1. Limpia tu altar.

2. Enciende la vela y establece tus intenciones.

3. Vas a emprender un viaje, así que dedícale tiempo a crear un círculo de protección para proteger tu mente mientras meditas. Para ello, dibuja un círculo con tu varita o athame y visualiza una luz blanca que refuerza la barrera.

4. Plantéate tres preguntas: ¿Qué necesito superar para emprender mi viaje hacia el perdón? ¿Cómo puedo superar estas barreras? ¿Cuál es el resultado de mi situación?

5. A continuación, siéntate y baraja tus cartas de tarot hasta que te sientas impulsada a parar.

6. Deposita las cartas sobre tu altar y extiéndelas en abanico.

7. Cierra los ojos y permite que intervenga tu intuición.

8. Escoge tres cartas y dales la vuelta una a una.

9. La primera es la respuesta a tu primera pregunta, la segunda es para la siguiente y la tercera, para la última.

10. Toma notas, con el bolígrafo y el papel, sobre los mensajes que ves en cada carta en lo que respecta a la pregunta correspondiente.

11. Cuando hayas terminado de reflexionar, guarda la baraja de tarot, apaga la vela y cierra el círculo.

Protección y bendición para el coche

Lanza este hechizo antes de ponerte al volante. Te proporcionará seguridad, protección, atención y conciencia mientras conduces. También puedes alterarlo para proteger cualquier medio de transporte. No tienes más que adaptar la afirmación del paso 7 y meterte la bolsita en el bolsillo o en el bolso en lugar de colocarla en el coche.

CUÁNDO HACER ESTE HECHIZO:
Durante la luna nueva

TIEMPO QUE DEBES DEDICAR AL HECHIZO:
25 minutos

DÓNDE REALIZAR EL HECHIZO:
En el altar y en el coche

INGREDIENTES/HERRAMIENTAS:
Encendedor o cerillas
Una vela votiva negra
Un cuadrado de tela negra
  de 25 cm
2 cucharaditas de artemisa seca
2 cucharaditas de junípero seco
2 cucharaditas de sal negra
2 cucharaditas de cayena seca
2 cucharaditas de canela
Una turquesa
  o un cuarzo ahumado
Bolígrafo y papel
Sello de protección (página 179)
Cuerda

1. Limpia tu altar.

2. Enciende la vela y visualiza tus intenciones.

3. Extiende la tela y coloca sobre ella la artemisa, el junípero, la sal negra, la cayena y la canela. Di: «*Hierbas de protección, concededme vuestra bendición*».

4. Sostén la turquesa en la mano y conecta con su energía. Colócala sobre la tela y di: «*Piedra de seguridad, imparte tus propiedades*».

5. Dibuja tu sello de protección sobre un pedacito de papel, colócalo sobre la tela y di: *«Sello de defensa, ofrece tu escudo».*

6. Levanta los lados de la tela y átala fuerte con la cuerda para sellarla. Visualiza cómo se activa su energía protectora.

7. Coloca la bolsita en el coche, debajo de tu asiento o en la guantera. Visualiza que su energía rodea el coche con una luz blanca. Di: *«Amuleto de protección, imbuye tu energía y bendice este coche desde el volante a las bujías».*

8. Recarga la bolsita cada mes.

Hechizo embotellado de protección

Este hechizo es duradero y se alimenta de tus intenciones de proteger frente a entidades malévolas o actos criminales e inmorales. Para realizarlo, utilizarás especias de protección.

CUÁNDO HACER ESTE HECHIZO:
Un martes o durante
la luna nueva

TIEMPO QUE DEBES DEDICAR AL HECHIZO:
30 minutos, más unas 3
o 4 horas de quema

DÓNDE REALIZAR EL HECHIZO:
En el altar

INGREDIENTES/HERRAMIENTAS:
1 cucharada
de pimienta negra
1 cucharada de comino
1 cucharada de sal
marina o negra
1 cucharada de canela
Un tarro de vidrio pequeño
o mediano con tapa
Bolígrafo negro y papel
Sello de protección (página 179)
3 piezas de hierro (p. ej., clavos
o hematite)
1 vela circular pequeña marrón
o negra de 10 cm
o una minivela cónica
Encendedor o cerillas

1. Limpia tu altar.

2. Introduce en el tarro, de uno en uno, la pimienta negra, el comino, la sal y la canela mientras te centras en tus intenciones.

3. Dibuja en una hoja de papel tu sello de protección. Dobla la hoja e introdúcela en el tarro.

4. Añade las piezas de hierro y tapa.

5. Enciende la vela y sostenla en horizontal permitiendo que gotee algo de cera sobre la tapa del tarro hasta que haya suficiente como para sostener la vela derecha. Pega la vela sobre la cera y sujétala en su sitio. Espera a que seque la cera que rodea la vela hasta que esta pueda sostenerse por sí sola. Deja que la vela se consuma sellando así tus intenciones en la botella.

6. Coloca tu hechizo embotellado para la protección cerca de la parte delantera de tu casa.

Colgante de pared protector

Utiliza este colgante de pared para defender tu hogar frente a la negatividad y las fuerzas malévolas. Este hechizo emplea también campanas, magia de amarre y hierro, el elemento de la tierra. Cuélgala en tu habitación, en tu despacho o en el centro de tu hogar.

CUÁNDO HACER ESTE HECHIZO:
Un sábado o durante la luna creciente o nueva

TIEMPO QUE DEBES DEDICAR AL HECHIZO:
30 minutos

DÓNDE REALIZAR EL HECHIZO:
En el altar

INGREDIENTES/HERRAMIENTAS:
Una bobina o madeja de cordel o hilo marrón o negro
Tijeras
4 palos de 15 cm que hayas recogido
6 campanitas
6 piezas de hierro (p. ej., clavos, tuercas, tornillos o cubiertos pequeños)

1. Limpia tu altar.

2. Purifica tus ingredientes.

3. Corta el cordel en al menos treinta trozos de treinta centímetros de largo y resérvalos.

4. Forma, con cuatro palos de madera, un rombo cuyas esquinas se solapen.

5. Ata las esquinas del rombo de madera con más cordel.

6. Utiliza el cordel que reservaste para hacer nudos de presilla de alondra todo a lo largo de la mitad inferior del rombo, tantos como quepan.

7. Ata campanitas y piezas de hierro en distintos lugares de las cuerdas colgantes siguiendo lo que te marque tu intuición.

8. Cuélgalo con una cuerda.

9. Tu colgante está listo para repeler la negatividad y las fuerzas malévolas. Las campanitas sonarán cuando se acerque una energía no deseada.

CAPÍTULO
9

BIENESTAR, ÉXITO
Y
ABUNDANCIA

Los hechizos relacionados con el bienestar, el éxito y la abundancia pueden ayudarte a hacer realidad la vida que deseas. No te van a hacer todo el trabajo; requieren mucha energía, práctica, paciencia y dedicación para actuar. Cuando empieces a utilizarlos, hazlo con cosas simples. Establece objetivos personales realistas para centrar tus intenciones. En esta sección encontrarás hechizos que trabajan la positividad, la buena suerte, el autocuidado y la felicidad.

Hechizo de infusión para obtener claridad

Utiliza este hechizo de infusión para obtener una imagen más clara de lo que quieres conseguir. Puede ayudarte a encontrar la lógica en las situaciones estresantes, lo que a su vez te ayudará a relajarte y a abrir la mente.

CUÁNDO HACER ESTE HECHIZO:
Un sábado, un domingo
o durante la luna nueva

**TIEMPO QUE DEBES DEDICAR
AL HECHIZO:**
15 minutos

DÓNDE REALIZAR EL HECHIZO:
En la cocina

INGREDIENTES/HERRAMIENTAS:
Un cazo pequeño
1 taza de agua
½ cucharadita de artemisa seca
½ cucharadita de valeriana seca
½ cucharadita de manzanilla seca
½ cucharadita de canela
½ cucharadita de lavanda seca
Una gasa o colador
Una taza para beber

1. Limpia la cocina.

2. En un cazo pequeño, hierve el agua mientras estableces tus intenciones.

3. Retira el cazo del fuego.

4. Introduce la artemisa, la valeriana, la manzanilla, la canela y la lavanda y deja reposar durante diez minutos mientras meditas sobre tus intenciones.

5. Cuela la infusión a una taza, mueve la mano sobre ella en la dirección de las agujas del reloj y di:
   *«Ayúdame a ver
   lo que está destinado a ser».*

6. Siente cómo la energía se funde con tu infusión. Bébela y disfruta.

Hechizo de espejo para el bienestar

A menudo se nos dice que nos centremos en nuestro bienestar, pero no siempre resulta fácil saber por dónde empezar. Este hechizo de espejo es un buen primer paso para encontrar el equilibrio, que te ayudará a sentirte contenta, sana, socialmente conectada y con un propósito. En él se emplea el poder de una vela, un espejo y la meditación.

CUÁNDO HACER ESTE HECHIZO:
Durante la luna nueva

TIEMPO QUE DEBES DEDICAR AL HECHIZO:
20 minutos

DÓNDE REALIZAR EL HECHIZO:
En el altar

INGREDIENTES/HERRAMIENTAS:
Un espejito de mano
Encendedor o cerillas
Una vela votiva blanca
Bolígrafo y papel (opcional)

1. Limpia tu altar.

2. Purifica el espejito.

3. Ábrelo y colócalo sobre tu altar.

4. Enciende la vela, sitúala sobre el espejo y di:
   «Vela ardiente, ilumina ya,
   el bienestar que puedo crear».

5. Con el espejo reflejando la luz de la vela, medita durante quince minutos sobre tus intenciones y tu bienestar general. Busca equilibrio, propósito, conexiones y cosas que te hagan sentirte contenta y sana.

6. Permite que lleguen mensajes o visiones que te apoyen a centrarte en tu bienestar. Si lo deseas, escríbelos.

7. Apaga la vela y repite siempre que consideres necesario.

Incienso de positividad

Genera tu propia positividad con esta mezcla de incienso cargado. Quémalo siempre que necesites un empujoncito emocional, mental o espiritual. También puede resultar útil para cualquier hechizo relacionado con manifestar o atraer éxito, abundancia o bienestar.

CUÁNDO HACER ESTE HECHIZO:
Un viernes o durante la luna creciente

TIEMPO QUE DEBES DEDICAR AL HECHIZO:
10 minutos

DÓNDE REALIZAR EL HECHIZO:
En el altar o en la cocina

INGREDIENTES/HERRAMIENTAS:
Un tarro de vidrio de entre 60 y 90 ml con tapa
1 cucharada de menta seca
1 cucharada de manzanilla seca
1 cucharada de tomillo seco
1 cucharada de salvia seca
1 cucharada de lavanda seca
Un plato ignífugo
Encendedor o cerillas
Un disco de carbón vegetal

1. Limpia tu altar o la cocina.

2. Introduce en el tarro, de uno en uno, la menta, la manzanilla, el tomillo, la salvia y la lavanda. Céntrate en permitir que la mezcla se impregne de positividad y di:
   «Que esta mezcla traiga positividad
   y a mi vida equilibrio.
   Que esta mezcla me proteja contra la negatividad
   y disipe todo conflicto».

3. Cierra el tarro y agítalo bien.

4. Quema el incienso en una hoguera o en un disco de carbón vegetal sobre un plato ignífugo.

Amuleto para la buena suerte

Crea este amuleto para la buena suerte siempre que desees darle un impulso a tu fortuna. En él vas a utilizar Fehu, la runa de la fortuna, la suerte, los comienzos y la riqueza. Está hecho con un trozo de madera grabado que puedes llevar contigo para mejorar tus circunstancias.

CUÁNDO HACER ESTE HECHIZO:
Un jueves o durante la luna creciente

TIEMPO QUE DEBES DEDICAR AL HECHIZO:
15 minutos

DÓNDE REALIZAR EL HECHIZO:
En el altar o en cualquier lugar de trabajo

INGREDIENTES/HERRAMIENTAS:
Un trozo de madera redondo de entre 5 y 8 cm que hayas recogido
Papel de lija de grano 180 o 220
Un cuchillo o un rotulador permanente

1. Limpia tu altar o el espacio de trabajo.

2. Para empezar, lija el trozo de madera eliminando todos los bordes ásperos o irregulares.

3. Marca, con un cuchillo o un rotulador permanente, el símbolo rúnico de Fehu. Mientras lo haces, di:
   «Fehu, runa de la buena suerte,
   apóyame en mis proyectos
   y tráeme suerte y nuevos comienzos».

4. Lleva contigo tu amuleto de la buena suerte o guárdalo en un lugar seguro para cuando más lo necesites.

Bálsamo de abundancia

Este bálsamo puede aumentar tu energía para atraer la abundancia. Estimulará la alegría y brindará fuerza a tu mente, cuerpo y alma. Incorpora hierbas y aceite de vitamina E. También puedes aplicarlo para calmar la piel seca.

CUÁNDO HACER ESTE HECHIZO:
Un jueves o durante la luna llena o nueva

TIEMPO QUE DEBES DEDICAR AL HECHIZO:
25 minutos

DÓNDE REALIZAR EL HECHIZO:
En la cocina

INGREDIENTES/HERRAMIENTAS:
¼ de taza de cera de abeja blanca en gránulos
⅓ de taza de aceite de coco virgen
Un cuenco apto para el microondas
⅓ de taza de aceite de almendras
½ cucharada de aceite de vitamina E
3 latas o tarros de 90 ml

1. Limpia la cocina.

2. Introduce la cera de abeja y el aceite de coco en un cuenco apto para el microondas y caliéntalos en intervalos de treinta segundos.

3. Repite, removiendo cada vez, hasta que la cera de abeja se haya fundido totalmente. No permitas que hierva.

4. Incorpora los aceites de almendras y vitamina E y céntrate en tus intenciones de atraer la abundancia.

5. Mientras remueves, di:
   «Abundancia, ven a mí».

6. Cuando esté todo bien mezclado, vierte en las latas o tarros y deja que se solidifique.

Talismán para la autoestima

Cuanto peor te sientes, menos motivada estás y viceversa. Utiliza este talismán de autoestima para reclamar tu sensación de valía y superar el círculo vicioso de dudas hacia ti misma. Póntelo siempre que necesites un poquito de ayuda para creer en ti.

CUÁNDO HACER ESTE HECHIZO:
Un lunes, un miércoles, un viernes o durante la luna creciente

TIEMPO QUE DEBES DEDICAR AL HECHIZO:
15 minutos

DÓNDE REALIZAR EL HECHIZO:
En el altar

INGREDIENTES/HERRAMIENTAS:
Incienso de positividad (página 202)
Un disco de carbón vegetal
Un plato ignífugo
Encendedor o cerillas
Una joya o un colgante con un cristal o una piedra

1. Limpia tu altar.

2. Coloca el incienso sobre el disco de carbón vegetal encima de un plato ignífugo. Préndelo, cierra los ojos y di:
   «Entrego al humo mi autoestima baja y todas mis dudas».

3. A continuación, medita durante cinco minutos sobre tus intenciones.

4. Abre los ojos y pasa la joya o el colgante por el humo del incienso. Esto lo purificará, lo limpiará y lo consagrará para el uso.

5. Pásalo por el humo tres veces y di:
   «Con cada pasada, limpio, irradio y brillo».

6. Tu talismán está preparado para que te lo pongas o lo lleves guardado. Recárgalo cada pocos meses.

Hechizo para reconfortar el cuerpo

Tu cuerpo es tan sagrado como cualquier otra herramienta que utilices en brujería, por eso es importante nutrirlo y honrarlo, tanto a él como a las muchas cosas que hace por ti. Utiliza este hechizo para acogerte a ti, a tu cuerpo y todas las cosas que hacen que seas quien eres.

CUÁNDO HACER ESTE HECHIZO:
Un lunes o durante
   la luna nueva

TIEMPO QUE DEBES DEDICAR AL HECHIZO:
15 minutos

DÓNDE REALIZAR EL HECHIZO:
En el cuarto de baño

INGREDIENTES/HERRAMIENTAS:
Un espejo
Un plato grande
Una vela de pilar blanca o rosa
2 cucharadas de aceite
   portador, como el de oliva
   o el de almendras
1 cucharada de lavanda seca
Un plato ignífugo
Encendedor o cerillas

1. Limpia el cuarto de baño.

2. Colócate delante del espejo.

3. Sobre un plato grande, recubre la vela con aceite portador. No permitas que este entre en contacto con la mecha.

4. Espolvorea lavanda seca sobre toda la vela hasta que esté bien recubierta. Céntrate en tus intenciones.

5. Coloca delante de ti la vela ungida sobre un plato ignífugo y enciéndela.

6. Mira fijamente tu reflejo y di:
   «Soy perfecta, soy completa,
   me amo a mí misma en mente, cuerpo y esencia».

7. Repite este hechizo siempre que lo necesites.

Videncia de ambición interior

Activa y aprovecha tu ambición interior con este hechizo. La videncia mediante el fuego es una forma de adivinación que utiliza una llama para revelar mensajes y visiones. La llama oscilante de la vela puede mostrar orden y caos, acción y renacimiento. Este tipo de videncia te ayudará a obtener una imagen más clara de tus ambiciones y sueños.

CUÁNDO HACER ESTE HECHIZO:
Un martes, un domingo
  o durante la luna nueva
  o creciente

TIEMPO QUE DEBES DEDICAR AL HECHIZO:
15 minutos

DÓNDE REALIZAR EL HECHIZO:
En el altar

INGREDIENTES/HERRAMIENTAS:
5 velas de té moradas o blancas
Encendedor o cerillas
Una vela votiva o de pilar
  morada o blanca
Bolígrafo y papel

1. Limpia tu altar.

2. Coloca las velas de té sobre tu altar en las puntas de un pentagrama invisible y enciéndelas.

3. Coloca la vela votiva en el centro del pentagrama invisible (la encenderás en el paso 5).

4. Cierra los ojos y medita durante cinco minutos sobre tu intención.

5. Cuando estés lista, enciende la vela del centro.

6. Concéntrate en la llama. Piensa en tus ambiciones y tus sueños.

7. Permite que la vela te revele mensajes y visiones y toma notas si lo deseas.

Sello de éxito

Atrae el éxito a tu vida con este sello. Crearlo te permitrá plasmar una representación simbólica de tus intenciones. Los sellos son una forma de recurrir a tu interior para crear algo mágico que sea exclusivamente tuyo.

CUÁNDO HACER ESTE HECHIZO:
Un domingo o durante la luna creciente

TIEMPO QUE DEBES DEDICAR AL HECHIZO:
15 minutos

DÓNDE REALIZAR EL HECHIZO:
En el altar y al aire libre

INGREDIENTES/HERRAMIENTAS:
Un bolígrafo naranja
2 hojas de papel

1. Limpia tu altar.

2. Idea una frase con la afirmación que elijas, por ejemplo: «Tengo confianza en mí misma, soy poderosa y tengo éxito».

3. Acórtala eliminando todas las letras repetidas y las vocales. La anterior se quedaría en: «tngcfzmsypdrx».

4. Deconstruye las letras que te hayan quedado en trazos básicos como curvas, puntos, rayas y líneas y dibújalos en el mismo papel debajo de la afirmación abreviada.

5. En la misma hoja, combina los trazos para crear una forma. Puede ser un cuadrado, un corazón, una cruz o un triángulo. Coloca el resto de los círculos, arcos y rayas a lo largo de las líneas o alrededor de la forma. Este es tu sello de éxito.

6. Vuelve a dibujar tu sello, ahora codificado con tus intenciones, en la segunda hoja de papel y llévalo contigo.

Hechizo de buena suerte

Con este hechizo, puedes atraer más suerte ofreciendo simplemente una monedita al mundo. Dejar una monedita para un extraño es una forma estupenda de mejorar no solo tu suerte, sino también tu karma.

CUÁNDO HACER ESTE HECHIZO:
En cualquier momento

TIEMPO QUE DEBES DEDICAR AL HECHIZO:
10 minutos

DÓNDE REALIZAR EL HECHIZO:
Al aire libre

INGREDIENTES/HERRAMIENTAS:
Una monedita
Un cristal de cuarzo transparente (opcional)

1. Presta atención a tu respiración y céntrate. Si necesitas un empujón de energía, recurre a un cristal de cuarzo transparente.

2. Coge la monedita en tu mano e imprégnala con tus intenciones.

3. Cierra los ojos y di:

   «Envío esta monedita al mundo.
   Monedita, tráeme
   suerte y fortuna tres veces.
   Con esta ofrenda comparto buen karma
   con los que de ello no son conscientes».

4. Pon la monedita con la cara hacia arriba allí donde nadie pueda verte y permite que la buena suerte te encuentre.

Infusión de menta para la abundancia

Invita a la abundancia a entrar en tu vida con esta infusión sencilla, pero poderosa. La menta es conocida por sus asociaciones con la abundancia, la prosperidad, la sanación, la buena suerte y la fuerza. Esta infusión puede beberse o emplearse en el hechizo de raíz para la abundancia (página 211).

CUÁNDO HACER ESTE HECHIZO:
Durante la luna creciente

TIEMPO QUE DEBES DEDICAR AL HECHIZO:
15 minutos

DÓNDE REALIZAR EL HECHIZO:
En la cocina

INGREDIENTES/HERRAMIENTAS:
Un cazo mediano
1 l (4 tazas) de agua
½ taza de menta fresca
o ¼ de taza de menta seca
Una gasa o colador
Una taza para beber
o una botella

1. Limpia la cocina.

2. Hierve el agua en un cazo mediano para eliminar impurezas.

3. Retira el cazo del fuego.

4. Espolvorea la menta en el agua y di:
   «Con esta hierba instilo
   abundancia y buena voluntad».

5. Medita sobre tus intenciones durante diez minutos mientras la infusión reposa y se enfría.

6. Puedes colar la infusión a una taza para bebértela o pásala a una botella para vertirla alrededor de tu propiedad. También puedes emplearla en el hechizo de raíz para la abundancia (página 211).

Hechizo de raíz para la abundancia

Este hechizo ha sido diseñado para conectarte con la energía de los árboles frutales y celebrar así su abundancia y aprovechar su energía. Para amplificarlo, prepara una infusión de menta para la abundancia (página 210).

CUÁNDO HACER ESTE HECHIZO:
Durante la luna creciente

TIEMPO QUE DEBES DEDICAR AL HECHIZO:
30 minutos, más el tiempo que te lleve llegar a un árbol frutal

DÓNDE REALIZAR EL HECHIZO:
Al aire libre

INGREDIENTES/HERRAMIENTAS:
Un árbol frutal
Infusión de menta para la abundancia (página 210) o ¼ de taza de menta seca

1. Busca un árbol frutal en tu jardín o en una zona cercana que sea segura y esté protegida.

2. Limpia la zona circundante accediendo a tu energía e impulsándola hacia afuera.

3. Coloca la mano sobre el árbol y di:
   «Árbol con fruto, he aquí un regalo encantado
   para celebrar la abundancia que crece a tus lados».

4. Camina alrededor de la base del árbol y espolvorea menta o vierte la infusión de menta para la abundancia sobre las raíces. Di:
   «Comparte conmigo esta abundancia tres veces».

5. Cierra los ojos y visualiza tu conexión con el árbol.

Aceite para el bienestar

En este hechizo vas a mezclar, cargar y bendecir este aceite mágico para ungir. Utilízalo en objetos, hechizos de bienestar o sobre tus puntos de pulso para amplificar tus intenciones de atraer positividad a tu vida. Si te lo vas a aplicar sobre la piel, acuérdate de hacer primero una prueba en una zona pequeña.

CUÁNDO HACER ESTE HECHIZO:
Durante la luna nueva o llena

TIEMPO QUE DEBES DEDICAR AL HECHIZO:
20 minutos

DÓNDE REALIZAR EL HECHIZO:
En el altar o en la cocina

INGREDIENTES/HERRAMIENTAS:
Una botellita de vidrio ámbar pequeña con aplicador o cuentagotas

1 cucharada de aceite portador, como el de jojoba o el de almendras
2 gotas de aceite esencial de pachuli
2 gotas de aceite esencial de lavanda
2 gotas de aceite esencial de ylang-ylang
1 cucharadita de manzanilla seca

1. Limpia tu altar o la cocina.

2. Vierte el aceite portador en la botellita de vidrio ámbar con aplicador.

3. A continuación, añade los aceites esenciales de pachuli, lavanda e ylang-ylang mientras te centras en tus intenciones.

4. Agrega la manzanilla para llenar los espacios vacíos.

5. Sostén la botella entre tus manos y visualiza cómo se envuelve con energía. Cárgala con tus intenciones. Di:
   «Con este aceite mezclo y bendigo
   el bienestar y la sensación de gratitud».

6. Póntelo siempre que necesites vivir el momento y atraer positividad.

Hechizo para tejer el éxito

Teje el éxito en tu vida con la ayuda de la magia de amarre y la runa del éxito, Sowilo. Emplearla en tus hechizos te ayuda a orientarte, a establecer tu objetivo principal y a conseguir la plenitud. Con este hechizo vas a entretejer tus intenciones para crear un cambio positivo en tu vida.

CUÁNDO HACER ESTE HECHIZO:
Un domingo o durante
la luna llena

TIEMPO QUE DEBES DEDICAR AL HECHIZO:
30 minutos

DÓNDE REALIZAR EL HECHIZO:
En el altar

INGREDIENTES/HERRAMIENTAS:
Un cuchillo
Una vela de pilar naranja,
dorada o plateada
Encendedor o cerillas
3 trozos de hilo o cordel naranja
de 45 cm

1. Limpia tu altar.

2. Con el cuchillo, graba la runa Sowilo en tu vela.

3. Enciende la vela, establece tus intenciones y eleva tu energía.

4. Ata las tres cuerdas juntas por un extremo con un nudo simple. Mientras lo haces, piensa en atraer el éxito a todas las áreas de tu vida.

5. Empieza a trenzar las tres cuerdas y di:
   «Cuerda de los objetivos, enterteje,
   cuerda de la plenitud, conecta,
   cuerda del logro, entrelaza,
   trenza del éxito, entremezcla».

(CONTINÚA)

Hechizo para tejer el éxito (CONTINÚA)

6. Anuda el extremo de la trenza. Medita durante diez minutos y céntrate en lo que has creado mientras te permites sentir su poder.

7. Cuando hayas terminado, apaga la vela.

8. Cuelga la trenza allí donde necesites atraer más éxito a tu vida.

Hechizo ofrenda para el éxito

Este hechizo ofrenda utiliza la energía de la tierra y del sol de mediodía. Para la ofrenda se emplean ingredientes que atraen el éxito, como una rama de canela, jengibre fresco, melisa, bergamota y tu sello de éxito (página 208).

CUÁNDO HACER ESTE HECHIZO:
A mediodía el día de la luna nueva o del cuarto creciente

TIEMPO QUE DEBES DEDICAR AL HECHIZO:
25 minutos

DÓNDE REALIZAR EL HECHIZO:
En el altar o al aire libre

INGREDIENTES/HERRAMIENTAS:
Encendedor o cerillas
Una vela votiva naranja
Un bolígrafo naranja
Sello de éxito (página 208)
Una hoja de papel
1 rama de canela
Un trozo de jengibre fresco de 10 cm
Una ramita de melisa fresca
Cuerda o hilo naranja
3 gotas de aceite esencial de bergamota

1. Limpia tu altar.

2. Enciende una vela naranja para atraer el éxito.

3. Dibuja tu sello de éxito en una hoja de papel con un bolígrafo naranja. Albergará tu ofrenda.

4. Coloca la rama de canela, la raíz de jengibre y la ramita de melisa encima del papel.

5. Céntrate en tus intenciones y dobla tu ofrenda de papel. Átala con la cuerda naranja haciendo un nudo para crear un envoltorio.

6. Vierte el aceite esencial de bergamota sobre el nudo.

7. Medita durante cinco minutos sobre tus intenciones.

(CONTINÚA)

Hechizo ofrenda para el éxito (CONTINÚA)

8. Apaga la vela.

9. Sal al exterior y encuentra un lugar que dé al norte donde enterrar el envoltorio que hiciste en el paso 5.

10. Excava un agujero poco profundo con las manos e introduce el envoltorio. Di:

    «Bajo el poderoso resplandor del sol,
    entrego esta ofrenda a la tierra
    a cambio del éxito que concedes».

11. Rellena el agujero, coloca la mano sobre la tierra y medita durante cinco minutos.

12. Siente cómo se combinan la energía del sol y de la tierra para traerte éxito.

13. Antes de irte, da las gracias al sol y a la tierra por su energía.

Hechizo para plantar felicidad

La felicidad está a menudo a tiro, pero no totalmente al alcance de la mano. Lanza este hechizo para irradiar una felicidad que te hará sentirte radiante y en sincronía con el momento. En él vas a plantar un árbol o un arbusto, lo que te permitirá encontrar la felicidad en la naturaleza.

CUÁNDO HACER ESTE HECHIZO:
Un miércoles o un domingo

TIEMPO QUE DEBES DEDICAR AL HECHIZO:
45 minutos

DÓNDE REALIZAR EL HECHIZO:
Al aire libre

INGREDIENTES/HERRAMIENTAS:
Neblina protectora (página 185; opcional)
Una pala
Una planta o un árbol
5 cristales de cuarzo transparente
Unos guantes de jardinería (opcional)
Agua (suficiente para regar la planta; la cantidad varía según la especie, ¡así que debes investigar!)
Mezcla de especias

1. Utiliza tu intuición para elegir un lugar al aire libre (p. ej., algún sitio en tu jardín) para tu planta o árbol de la felicidad.

2. Limpia la zona elegida. Si te apetece, pulverízala con la neblina protectora.

3. Rasca, con la punta de la pala, la tierra que os abarca a tu planta y a ti para dibujar un pentagrama.

4. Coloca los cristales de cuarzo transparente en las puntas del pentagrama.

5. Empieza a excavar un agujero en la tierra. Si quieres, puedes ponerte guantes de jardinería.

6. Introduce la planta o el árbol en el agujero y echa tierra hasta la base para estabilizarlo.

(CONTINÚA)

Hechizo para plantar felicidad (CONTINÚA)

7. Dedica diez minutos a meditar en silencio junto a la planta extendiendo tu conciencia para conectarte con su energía. Mientras estás meditando, di:

   «Planta de felicidad,
   llena mi vida,
   alegra mi corazón
   y eleva mi espíritu».

8. Riega la planta y espolvorea las especias como ofrenda en la zona circundante.

9. Cuida tu planta todas las semanas repitiendo tu meditación y tu canto.

Galletas con runa para el éxito

¡Introduce un poco de brujería en tu repostería con estas galletas con runa para el éxito! Esta receta de galletas hechizadas está diseñada para aumentar tu energía y ayudarte a conseguir tus objetivos. Cada una está decorada con la runa del éxito, Sowilo, para fomentar el éxito, la plenitud y el logro.

CUÁNDO HACER ESTE HECHIZO:
Un domingo o durante
   la luna nueva

**TIEMPO QUE DEBES DEDICAR
AL HECHIZO:**
30 minutos

DÓNDE REALIZAR EL HECHIZO:
En la cocina

INGREDIENTES/HERRAMIENTAS:
220 g de harina común
1 cucharadita de bicarbonato
   sódico
½ cucharadita de levadura
   en polvo
80 g de mantequilla
   a temperatura ambiente
120 g de azúcar
1 huevo
1 cucharadita de extracto
   de vainilla

1. Limpia la cocina.

2. Precalienta el horno a 190 ºC.

3. En un cuenco pequeño, mezcla la harina, el bicarbonato sódico y la levadura en polvo y reserva.

4. En un cuenco grande, bate la mantequilla con el azúcar hasta obtener una crema fina. Añade el huevo y el extracto de vainilla.

5. Incorpora los ingredientes secos a los húmedos y mezcla justo hasta obtener una masa.

(CONTINÚA)

Galletas con runa para el éxito (CONTINÚA)

6. Divide la masa en bolas de unos siete centímetros y aplástalas en una bandeja para galletas.

7. Dibuja con un cuchillo la runa Sowilo en cada galleta mientras te centras en tus intenciones.

8. Hornea entre ocho y diez minutos o hasta que estén doradas.

9. Deja reposar durante dos minutos y luego pásalas a una rejilla para que enfríen.

10. Come las galletas para conectar con la energía de Sowilo y para internalizarla.

Hechizo de manta de seguridad

En este hechizo vas a encantar una manta corriente con comodidad y seguridad y a imbuirla con un sello codificado. Guárdala para ti o regálasela a un niño. Es bueno limpiarla antes de utilizarla para este hechizo de manera que no quede ninguna energía vieja o estancada.

CUÁNDO HACER ESTE HECHIZO:
Un sábado, un domingo o durante la luna nueva

TIEMPO QUE DEBES DEDICAR AL HECHIZO:
30 minutos

DÓNDE REALIZAR EL HECHIZO:
En el altar

INGREDIENTES/HERRAMIENTAS:
Una manta
Encendedor o cerillas
Una vela morada
Un rotulador permanente
Un sello de seguridad

1. Limpia tu altar.

2. Purifica la manta.

3. Enciende la vela y céntrate en tus intenciones de manifestar comodidad, seguridad y estabilidad.

4. Sostén la manta entre tus brazos y di:
   «Igual que la tierra, resistente y fuerte,
   bendigo esta manta para que me proteja y dure mucho tiempo.
   Igual que el fuego, calorífico y brillante,
   bendigo esta manta para que me brinde comodidad cada noche.
   Igual que el agua, sanadora y pura,
   bendigo esta manta para que me mantenga segura.
   Igual que el aire, rápido para inspirar,
   bendigo esta manta para que me eleve y cumpla mis deseos».

5. Medita durante cinco minutos sobre tus intenciones para cargar la manta.

6. Crea un sello de seguridad. Utiliza las instrucciones del sello de protección (página 179) sustituyendo la palabra *«Proteger»* por *«Seguridad»* y dibújalo en la etiqueta de la manta.

Escalera de bruja para el éxito y la abundancia

Inspira el éxito y la abundancia mediante una escalera de bruja a tamaño real. Estas escaleras provienen de la magia popular e incorporan magia de amarre. La mejor forma de utilizarlas es como complemento a la meditación y los rituales relacionados con el éxito y la abundancia.

CUÁNDO HACER ESTE HECHIZO:
Un sábado, un domingo
o durante la luna llena

**TIEMPO QUE DEBES DEDICAR
AL HECHIZO:**
45 minutos

DÓNDE REALIZAR EL HECHIZO:
En el altar

INGREDIENTES/HERRAMIENTAS:
3 velas, una naranja, otra blanca
y otra azul
Encendedor o cerillas
3 bobinas de cordel,
una naranja, otra blanca
y otra azul
Unas tijeras
9 adornos que elijas (p. ej.,
cuentas, plumas o campanitas
pequeñas)

1. Limpia tu altar.

2. Coloca las velas sobre tu altar formando un triángulo y enciéndelas.

3. Corta, de cada una de las bobinas de cordel, un trozo de la longitud de tu cuerpo.

4. Ata los tres trozos de cordel en un extremo con un nudo básico.

5. Elige nueve secciones a la misma distancia unas de otras en las que atarás los adornos mientras trenzas las cuerdas.

6. Empieza a trenzar. Al principio de cada sección, incorpora uno de los nueve adornos atándolo con un nudo.

Bibliografía

Revista *Witchology*
    Mi revista mensual sobre brujería moderna y magia. Es un recurso valioso redactado por un equipo de escritores expertos que comparten con los lectores sus propios recorridos.

Enciclopedia de las hierbas mágicas, de Scott Cunningham
    Obligatoria para cualquier bruja principiante. Contiene propiedades, historia y usos de más de cuatrocientas hierbas. Utilízala siempre que necesites incorporar hierbas a tus hechizos.

Libro completo de incienso, aceites e infusiones, de Scott Cunningham
    Este es uno de mis favoritos. Cuando hayas aprendido los principios básicos sobre la forma de utilizar hierbas, especias y plantas en tu práctica, este libro llevará tu labor un paso más allá y te ayudará a crear mezclas de inciensos personalizadas, aceites mágicos, pociones y otros brebajes útiles.

Enciclopedia de cristales, gemas y metales mágicos, de Scott Cunningham
    Trabajar con los elementos naturales de la tierra es una parte importantísima de la práctica de cualquier bruja. Este libro, que incluye más de cien gemas y metales, te ayudará a averiguar qué cristal, gema o metal irá mejor para tu hechizo.

Agenda de las brujas, de Llewellyn

Sale cada año y te ayuda a organizarte y a seguir la pista de la rueda del año y de los movimientos astrológicos. Utilízala para hacer un seguimiento de los hechizos que lances y para planificar el año con antelación.

Coloring Book of Shadows, de Amy Cesari

Empezar a practicar la brujería puede resultar abrumador, pero no con este libro de sombras. Puedes ir coloreando mientras vas aprendiendo acerca de los cristales, las hierbas y otros elementos naturales. Adáptalo a tu propio proceso y llénalo con tus primeros hechizos.

Índice temático

Agradecimientos

Me siento muy agradecida por el increíble equipo de apoyo que me ayudó a escribir este libro: a mi maravillosa pareja, Leon, gracias por tu estímulo durante el proceso de escritura. A mi adorable familiar, Nala, que estuvo sentada junto a mí todos los días mientras escribía. A mi increíble hermana, Sylvia, que siempre me empuja a ser lo mejor posible. Al equipo de *Witchology*, por seguir haciendo un trabajo asombroso para la revista durante mi ausencia. A Claire Yee, mi maravillosa editora, por tejer su magia para que las palabras de este libro cobraran vida.

Acerca de la autora

AMBROSIA HAWTHORN es una bruja ecléctica viajera nacida en California con raíces indígenas en el chamanismo yup'ik y la magia popular de Puerto Rico.

Es la propietaria de *Wild Goddess Magick*, un blog de brujería, y la editora de la revista *Witchology Magazine*. En su tiempo libre, navega por las estrellas como astróloga y conecta con el universo como echadora de cartas. Encontró su práctica a los trece años de edad y, desde entonces, ha estado estudiando este arte y su linaje. Su objetivo consiste en proporcionar material para todas las clases de brujas y utiliza la rueda del año para crear y compartir contenidos nuevos sobre magia de todo tipo.

7. Mientras haces cada nudo, puedes entonar el encantamiento tradicional de la escalera de bruja:

«Con el nudo primero, parto de cero.
Con el nudo segundo, mi deseo fecundo.
Con el nudo tercero, lo hago verdadero.
Con el nudo cuarto, mi fuerza le comparto.
Con el nudo quinto, vida propia le pinto.
Con el nudo sexto, todo queda dispuesto.
Con el nudo séptimo, el poder es vértigo.
Con el nudo octavo, se llevará a cabo.
Con el nudo noveno, viene a mí de lleno».

8. Cuando hayas terminado de trenzar, anuda el extremo. Encuentra un lugar seguro donde colgar tu escalera de bruja, como un armario de tu casa.